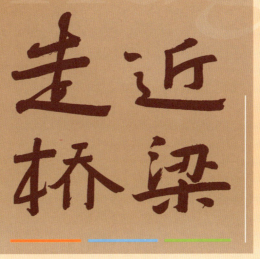

走近桥梁

秦顺全 编著

华中科技大学出版社
http://www.hustp.com
中国·武汉

图书在版编目（CIP）数据

走近桥梁/秦顺全编著 .—武汉：华中科技大学出版社,2021.3
ISBN 978-7-5680-3936-9

Ⅰ.①走… Ⅱ.①秦… Ⅲ.①桥梁工程-普及读物 Ⅳ.① U44-49

中国版本图书馆CIP数据核字（2020）第245564号

走近桥梁　　　　　　　　　　　　　　　　　　　　　　　　　　　秦顺全　编著
Zoujin Qiaoliang

策划编辑：靳　强　李娟娟	
责任编辑：刘　丽　赵　丹　靳　强	
封面设计：刘　卉	
责任校对：刘　竣	
责任监印：徐　露	
出版发行：华中科技大学出版社（中国·武汉）	电话：（027）81321913
武汉市东湖新技术开发区华工科技园	邮编：430223
录　　排：华中科技大学出版社美编室	
印　　刷：湖北新华印务有限公司	
开　　本：787mm×1092mm　1/16	
印　　张：19.25　插页：2	
字　　数：291千字	
版　　次：2021年3月第1版第1次印刷	
定　　价：168.00元	

本书若有印装质量问题，请向出版社营销中心调换
全国免费服务热线：400-6679-118　竭诚为您服务
版权所有　侵权必究

作者简介

秦顺全,中国工程院院士,桥梁工程专家。现任中铁大桥勘测设计院集团有限公司董事长。

秦顺全院士长期从事大型桥梁的设计、施工技术研究。先后主持我国的东海大桥、青藏铁路拉萨河特大桥、杭州湾跨海大桥、武汉天兴洲长江大桥、南京大胜关长江大桥、常泰长江大桥,以及孟加拉国帕克西大桥等多座代表世界领先水平的超大型桥梁的设计、施工技术工作。创立了桥梁分阶段施工的无应力状态控制法理论,创新了大型桥梁结构工厂化、标准化施工方法,实现了大跨度桥梁和跨海大桥建造技术上的诸多突破,解决了多项国家重点工程建设的关键技术难题。完成国家和省部级重大科研项目 30 余项。获国家科技进步奖 6 项、技术发明奖 1 项,省部级科技进步奖 11 项、技术发明二等奖 2 项,授权发明专利 50 余项,发表论文 50 余篇,出版学术专著 3 部。

前言

中国幅员辽阔，历史悠久。在我们身边有各种各样的桥梁跨越在峡谷溪涧、江河湖海之上，连接着众多道路，交织成四通八达、纵横交错的交通网路，支撑着中国经济社会的发展和进步。

中国古代桥梁，不仅在技术上，而且在艺术上都取得了辉煌的成就。但是在积贫积弱的近代中国，桥梁科学技术远远地落在了西方国家的后面。

新中国成立以来，特别是改革开放40多年来，中国的桥梁建设从建成学会、自力更生到奋发追赶、超越引领，取得了突飞猛进的发展和辉煌灿烂的成就。新中国一代代桥梁建设者砥砺前行，从接续奋斗到改写世界桥梁建设格局，使中国一步步迈向世界建桥强国。桥梁建设的成就成为国力强盛的一个缩影，体现着一个国家的奋斗精神，亦是中华民族的历史传承，是世界文明的光华绽放，闪耀着实干兴邦、大国崛起、民族复兴的时代光辉。

桥梁作为关系人们交通出行的重要工程，一直与人们的生活息息相关。通过一本读物，使人们能够走近身边的桥梁，认识桥梁是什么、有哪些类型、是怎么建成的、如何使桥梁能更好地为人们服务，了解桥梁的昨天、今天和明天，感受国家的蓬勃发展，这是我们组织力量编写出版这本《走近桥梁》

的初衷。

本书以深入浅出、通俗易懂的文字和一幅幅精美的桥梁图片，系统地向广大青少年以及爱好桥梁文化的读者介绍了桥梁的历史、文化、类型、结构、设计、施工、材料、力学、美学等多方面的知识，展示了我国桥梁建设的新成就。本书尽量在内容上注意体现趣味性、知识性与思想性，同时也照顾不同文化层次、专业的和非专业的读者的需要。

本书的基本体例及内容框架由本人确定，书稿完成后，本人对书稿进行了最终审定。需要说明的是，本书的编写得到了九三学社湖北省委员会、中铁大桥勘测设计院集团有限公司、中铁大桥局集团有限公司、中铁桥隧技术有限公司等单位的大力支持；蔡国斌、马润平、张瑞霞、张军雷等四位同志撰写了各章节的主要内容，梅大鹏同志在全书的统稿和审稿过程中做了大量的工作，参与本书编写的还有王博、苏传海、阮怀圣、霍学晋、刘芸欣、王寅峰、胡杰、胡增伟、张文斌、张旭、朱云萍、方柯、刘华、耿东升、崔海、王之俊、杨文爽、陈斌、张宗辉等同志。华中科技大学出版社的编辑团队对本书的出版尽心竭力，从文稿审校、排版设计到印刷装帧，都精益求精。正是大家不辞辛劳、夜以继日的创造性劳动，才使得这本《走近桥梁》能够呈现在读者面前，在此表示深深敬佩和衷心感谢！

随着技术的发展，桥梁建设将不断注入时代文明与智慧，各类桥型将不断面临复杂环境和多样需求下的风险与挑战。中国正在从建桥大国迈向建桥强国，在迎接一个个挑战、化解各种不同风险中闯出中国特色的桥梁发展之路。

秦顺全

2020 年 12 月

目录

第一章　初识桥梁　　　　　　　　　　　　　　1
　　第一节　桥是什么　　　　　　　　　　　　　2
　　第二节　桥梁的形式　　　　　　　　　　　　12
　　第三节　桥梁发展简史　　　　　　　　　　　21

第二章　桥梁的结构类型　　　　　　　　　　　35
　　第一节　横木为梁——梁桥　　　　　　　　　36
　　第二节　彩虹飞架——拱桥　　　　　　　　　55
　　第三节　钢铁琴弦——斜拉桥　　　　　　　　70
　　第四节　铁索吊桥——悬索桥　　　　　　　　90

第三章　桥梁的建造方法　　　　　　　　　　　109
　　第一节　稳如磐石——下部结构　　　　　　　110
　　第二节　形态万千——上部结构　　　　　　　149

第四章　桥梁的运营与维护　　209

第一节　检查评定　　210

第二节　养护维修　　231

第三节　加固改造　　237

第四节　智能管养　　262

第五章　未来桥梁工程技术及挑战　　285

第一节　建设跨海长桥的挑战　　286

第二节　养护旧桥的挑战　　292

第三节　桥梁工程信息化的挑战　　296

附录　　297

第一章 初识桥梁

CHUSHI QIAOLIANG

走近桥梁

行走于世界各地，在车水马龙的繁华都市，在人迹罕至的深幽山谷，在流水潺潺的山涧小溪，在漫长蜿蜒的江河水道，在风急浪高的峡谷两岸，都不难看到一座座的桥。这些桥，有的古拙沧桑，有的现代时尚；有的简朴粗糙，有的典雅华丽；有的小巧精致，有的气势恢宏；有的静卧谷底，有的直入云端；有的如彩虹飞渡，有的如钢铁琴弦；有的如龙走蛇行，有的如空中云梯……这一座座桥梁，飞架南北东西，越过山谷，跨越江河，走向海洋，让天堑变通途。

(a)　　　　　　　　　(b)　　　　　　　　　(c)

■ 图1-1　桥梁

第一节　桥是什么

从古至今，桥都是人类改善交通的重要工程。它跨过江河，越过山谷，连接江河两岸，连通沟壑山峰。从桥的主要功能来说，桥是满足人类出行需求、跨越天堑或人工障碍物，使通行便捷的建筑物。如果进一步放宽视野，我们对桥会有更深的认识：桥是路的延伸，桥是景观地标，桥还是历史文化的载体。

一、桥是路的延伸

"地上本没有路，走的人多了，也便成了路。"然而，在前进的道路上，人们经常遭遇山川湖泽的阻隔。路至幽谷、路至江河，在临渊嗟吁、望洋兴叹之际，人们不禁期冀着能如神笔马良般勾画出一条飞越天堑之路。利用倒伏的树木、自然形成的石梁或石拱、溪涧中突出的石块,以及岸边生长的藤蔓等,人们跨越沟壑,连通两岸。这些因陋就简的天然结构便是初始形态的桥。桥,帮助人们跨越障碍,将中断的道路往前延伸,为人们带来便利。桥,可以说是另外一种形态的"路",它是路的延伸。

1956年6月,一代伟人毛泽东畅游长江后,写下了气势恢宏的著名词作《水调歌头·游泳》:

才饮长沙水,又食武昌鱼。万里长江横渡,极目楚天舒。不管风吹浪打,胜似闲庭信步,今日得宽馀。子在川上曰:逝者如斯夫! 风樯动,龟蛇静,起宏图。一桥飞架南北,天堑变通途。更立西江石壁,截断巫山云雨,高峡出平湖。神女应无恙,当惊世界殊。

词中的"一桥"指的就是1957年建成的武汉长江大桥(图1-1-1)。自大桥建成之日起,武汉三镇——武昌、汉阳、汉口即连为一体,长江天堑上架起了畅通无阻的宽阔大路。

图1-1-1 武汉长江大桥

走近桥梁

2018年10月23日上午,在广东珠海举行的港珠澳大桥(图1-1-2)开通仪式吸引了全世界人民的目光。这座世界最长的跨海大桥,使被大海阻断的道路自陆地向大海伸展,如长虹卧波,连接香港大屿山、澳门半岛和广东省珠海市。工程路线起自香港国际机场附近的香港口岸人工岛,向西横跨南海伶仃洋水域,接珠海和澳门口岸人工岛,止于珠海洪湾,总长约55 km。这项"世纪工程"是中国建设史上里程最长、投资最多、施工难度最大的跨海桥梁项目。港珠澳大桥建成通车后,驾车从香港到珠海的时间由以往的3个多小时缩减为半小时左右。

■ 图1-1-2 港珠澳大桥

满足人们的交通需求是桥的主要功能。在城市车流、人流密集之处,人们设计建造了各式各样的立交桥、人行天桥(图1-1-3),路由陆地向空中延伸,人车分流,各行其道,互不相扰,实现了交通畅达。

■ 图1-1-3 立交桥、人行天桥

二、桥是景观地标

"你站在桥上看风景,看风景的人在楼上看你。"卞之琳的这两句诗,巧妙地将"桥上观景"与"观桥"融为一体。桥上可观景,而桥本身亦是景。

我国地大物博,幅员辽阔,民族众多,乡土文化各具特色。桥梁的设计因时因地而具有其独特的建筑形式、装饰、色彩等,与特定的周边环境相适应,与当地的历史文化相交融,产生了各具地域特色和民族特色的桥梁景观。一座桥梁往往就是一道亮丽的风景线,给人们带来别样的精神享受和体验。

张家界大峡谷玻璃桥(图1-1-4),又名"云天渡",是一座景观桥梁,可供景区行人通行、游览、蹦极、溜索、进行T台表演等。它位于湖南省张家界大峡谷景区栗树垭和吴王坡区域内,主跨430 m,一跨跨过峡谷,桥面长375 m、宽6 m,桥面距谷底约300 m。它是世界首座斜拉式高山峡谷玻璃桥,曾创下世界最高最长玻璃桥、首次使用新型复合材料建造桥梁等多项世界纪录。2018年,张家界大峡谷玻璃桥在第35届国际桥梁大会上斩获阿瑟·海登奖,成为湖南第一个获得国际最高奖项的桥梁工程项目。这座全透明玻璃桥在云雾之间宛如千尺白绫,若隐若现,与张家界美丽的山水组合在一起,美轮美奂;行走于桥上,有如云端漫步,令人震撼。

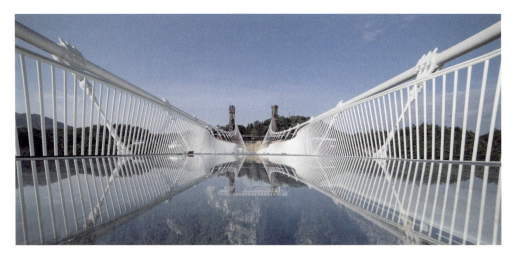

图1-1-4 张家界大峡谷玻璃桥

在祖国的大好河山里，如此设计精美、造型独特的桥梁正与日俱增，它们饱含着桥梁工作者的技术创造和心血结晶，体现了广大人民群众对美好生活的无限向往和切实需要。

桥不仅是一道景观，还往往成为一个地区最突出的地标。一座桥就代表着一个地区，是这个地区的象征，譬如张家界大峡谷玻璃桥之于张家界，伦敦塔桥之于伦敦，金门大桥之于旧金山。

伦敦塔桥（Tower Bridge，图1-1-5）是从英国伦敦泰晤士河口建起的第一座桥（泰晤士河上共建桥15座），也是伦敦的象征，有"伦敦正门"之称。该桥始建于1886年，1894年6月30日对公众开放，将伦敦南北区连接成整体。河中的两座桥基高7.6 m，相距76 m，桥基上建有两座高耸的方形主塔，为花岗岩和钢铁结构的方形五层塔，高43.455 m。两座主塔上建有白色大理石屋顶和五个小尖塔，远看仿佛两顶王冠。两塔之间的跨度约为60 m，塔基和两岸用钢缆吊桥相连。桥身分为上、下两层。上层（桥面高于高潮水位约42 m）现为专供游客参观的塔桥博物馆，展示塔桥的历史；两侧装有玻璃窗，游客从桥上通过，还可以饱览泰晤士河两岸的美丽风光。下层供行人和车辆通行。作为伦敦的标志性建筑，伦敦塔桥的身影常常出现在各种电影和纪录片中。

图1-1-5　伦敦塔桥

金门大桥（Golden Gate Bridge，图 1-1-6），是美国旧金山市的地标建筑，建于美国加利福尼亚州旧金山金门海峡之上，是世界著名的桥梁之一，也是近代桥梁工程的一项奇迹。桥长 1900 多米，历时 4 年多、利用 10 万多吨钢材、耗资达 3550 万美元建成，由桥梁工程师约瑟夫·斯特劳斯（Joseph Strauss）设计。兴建于 20 世纪 30 年代的金门大桥，跨度与高度在当时世界桥梁中首屈一指，施工难度巨大，被誉为 20 世纪桥梁工程的一项奇迹。大桥桥身呈橘色，晴天时，在阳光的照射下耀眼夺目；阴天时，橘色的桥身与迷雾、碧波交织，如梦如幻。因其雄伟壮观的外形和精巧的结构，金门大桥被誉为"20 世纪世界最美的桥梁"之一。

■ 图1-1-6 金门大桥

桥之所以成为景观地标，一方面是因为桥千姿百态，梁桥、拱桥、斜拉桥、悬索桥等各种桥式变化万千。桥梁设计师们呕心沥血，融合万千奇思妙想；能工巧匠们精益求精，力图留下传世杰作。桥梁已经成为凝固的人类智慧，展现出独特的魅力。另一方面，桥梁大多位于地区的交通要冲，地理位置十分关键。一座桥梁往往是一个地区、一个城市发展进程的缩影和见证，述说着一个地方的历史，彰显着该地的文化底蕴。桥梁也因此成为一个地区的地标性建筑，成为这个地区的符号和象征。

三、桥是历史文化的载体

著名的桥梁专家茅以升先生曾说过，桥是科学、文化和艺术的创造。桥梁不仅仅是一座建筑，更是历史和文化意象的符号。有一些桥梁，正是因为化成了一种文化符号而为人们所熟知。

"赵州桥来，什么人修？玉石栏杆，什么人留？"这首脍炙人口的河北民歌，看似在缅怀建桥人，实则在抒发赵州桥给当地人民带来的自豪感。

赵州桥（图1-1-7）位于河北赵县，单孔跨越37 m宽的洨河，由匠师李春始建于隋朝，后由宋哲宗赐名安济桥。赵州桥历经多次修缮至今仍堪使用，已有1400多年的历史。赵州桥是世界首座单孔坦弧敞肩石拱桥，外形轮廓美观，建造工艺独特，雕刻风格新颖、豪放，具有较高的科学研究价值和艺术价值，是古代劳动人民的智慧结晶。该桥1961年被列为第一批全国重点文物保护单位，2015年被列为石家庄十大城市名片之一。

■ 图1-1-7　赵州桥

"断桥残雪"（图1-1-8）作为西湖十景之一，是众多游客的向往之地。西湖断桥位于杭州北里湖和外西湖的分水点上，一端跨着北山路，另一端接通白堤。断桥之名得于唐朝。其名由来，一说孤山之路到此而断，故名；一说断桥最早叫段家桥，段家桥简称段桥，谐音为断桥。现在的断桥是1941年改建，后又经修缮的。桥的东北方有碑亭，内立"断桥残雪"碑。断桥之所以名满中外，是因为浪漫而美丽的民间经典神话故事《白蛇传》据传就发生在此桥之上：白娘子与许仙在此雨中相逢，因借伞而结下情缘，历经波折后又在此重逢。

■ 图1-1-8 西湖十景之"断桥残雪"

枫桥（图1-1-9），因为一首首传诵至今的著名诗作而美名远播。很多人没有见过枫桥，却知晓枫桥之名。

枫桥，旧称封桥，位于苏州枫桥古镇、京杭运河之侧。枫桥是一座江南普通的月牙形单孔石拱桥，长39.6 m，宽5.2 m，跨度11.5 m。相传始建于唐代，据推断，

走近桥梁

距今至少有1200年的历史。现存的枫桥为清同治六年（1867年）重建的。与枫桥毗邻的是寒山寺，始建于梁代，距今已有1500多年的历史，原为"枫桥寺"，因唐时名僧寒山在此任过住持，遂易名为寒山寺，至今在大殿佛旁的石碑上还刻有寒山的诗。令枫桥扬名四海的是唐朝诗人张继的著名诗作《枫桥夜泊》。据说，诗人张继赶考落第，郁郁回乡，途经枫桥，挥毫而就。诗中把旅途中的愁绪与周围幽美的深秋景色形象、细腻地描绘了出来。落月、满天霜、江枫、渔火、乌啼、钟声，有明有暗，有静有动，有音有画。短短的28个字，写出了悠远旷达、逼真深刻的意境。这首诗成为千古绝唱，也使枫桥名声大振，闻名中外。

枫桥夜泊

[唐]张继
月落乌啼霜满天，
江枫渔火对愁眠。
姑苏城外寒山寺，
夜半钟声到客船。

■ 图1-1-9 苏州枫桥

南京长江大桥是20世纪60年代中国经济建设的重要成就、中国桥梁建设的重要里程碑，具有极大的经济意义、政治意义和战略意义，有"争气桥"之称。南京长江大桥的建成作为我国在工业交通、基本建设和科学技术方面取得的重要成就，在1981年被写入中共中央《关于建国以来党的若干历史问题的决议》。

1958年，中共中央提出"总路线、'大跃进'、人民公社"的施政决策（后被称为"三面红旗"），试图通过"三面红旗"把工作重心转移到经济建设上来，快马加鞭地推动国家的经济建设。这一年，中共中央正式决定修建南京长江大桥。由于当时中苏关系恶化，苏联撤走了全部专家。在这种情况下，南京长江大桥的建设者们克服种种困难，自力更生，完成了大桥的建设。南京长江大桥于1960年1月动工，1968年9月公路桥建成，12月铁路桥建成。它的建成，开创了我国自力更生建设大型桥梁的新纪元。作为这一时期伟大的基础建设工程，南京长江大桥的桥头堡制高点上树有"三面红旗"的雕塑（图1-1-10）。时至今日，这些雕塑依然矗立在巍峨雄壮的南京长江大桥上，在日夜奔流不息的长江的映衬下显得格外引人注目。共和国历史上的那段岁月，恰似早已和南京长江大桥完美融合，化成一篇令人难忘的乐章。

■ 图1-1-10 南京长江大桥与"三面红旗"雕塑

静静的剑河从英国剑桥大学穿流而过，红砖垒砌的剑桥大学皇后学院旁，有一座古老的木桁架桥——数学桥（Mathematical Bridge，图1-1-11），它已陪伴着这座剑河沿岸的古老建筑走过了270多个春秋。

走近桥梁

■ 图1-1-11　英国剑河上的数学桥

相传这座桥是大科学家牛顿在剑桥教书时亲自设计建造的,原本整个桥体未用一颗钉子、一根螺栓。后来,皇后学院的学生曾把它拆开来剖析这座桥的奥秘,但事后却无法复原,只好用钉子重新固定成现在的样子。这个传说在剑桥无人不晓。

据考证,数学桥建于1749年,而牛顿于1727年辞世,因此牛顿是不可能建造这座桥的。只能说剑桥人对牛顿太过钟爱,总是把很多的故事与他相联系。实际上,这座桥是由詹姆斯·小埃塞克斯(James Essex)根据英国桥梁设计大师威廉姆·埃斯里奇(William Etheridge)的设计而建造的。它展示出现代钢梁桥的雏形,其桥身相毗邻的杆件之间呈11.25°的夹角。在18世纪,这种设计被称为几何结构,所以此桥得名"数学桥"。数学桥是剑桥治学精神的象征,身处桥上,无论是谁,都会由衷地敬佩剑桥人追求科学真理的执着精神。

第二节　桥梁的形式

结构体系是桥梁形式中最为显著的特征。尽管古今中外的桥姿态万千、各具特色,但其基本的结构体系可归纳为梁、拱、索三种。

一、梁结构

在认识梁结构之前,我们先做一个梁结构的实验:将两个方形积木放在桌上作为支点,把筷子横在积木上,就形成了梁。用手指按压筷子中部,会发现这个"筷子梁结构"可以承受荷载。当然,你也可以用细线将数根筷子像竹排那样绑扎起来架在支点上,这样不但"桥"面更加宽阔,而且承载能力也会增强。你还可以在筷子中部加一块积木作为中支点,也可以提高承载能力。

梁结构是最为常见的一种桥梁结构体系,采用这种结构体系的桥梁称为梁桥。在我国的桥梁中,梁桥约占90%。这种结构体系的承力构件就是梁本身。梁桥的表面平坦,便于通行,建桥材料易得,非常经济实用。不过,受限于建桥材料的自重,梁桥的跨越能力并不强,一般认为跨度在300 m以下的桥梁采用梁结构是比较合适的。

梁桥是桥梁结构中的第一大类,有悠久的历史和丰富的实例。为了更好地认识梁桥,还可以选取多种不同的特征属性对其进一步细分。

梁桥的结构体系分类如表1-2-1所示。如果只是两端支承在支点上,可称为简单支承梁结构,即简支梁。如果简支梁的端部伸出支点,则称为悬臂梁。如果简支梁的中部还有支点,使架在多个桥墩上的梁呈连续状态,则称为连续梁。如果梁在支点处不设支座而与墩台固结,则称为刚构。如果刚构中的梁有两个及以上的支点使墩台间的梁体呈连续状态,则称为连续刚构。如果连续刚构的某些支墩呈倾斜状态,则称为斜腿刚构。如果连续刚构的某些支墩呈V形或Y形,则称为连续V构或连续Y构。如果连续刚构的某些支点由两个相距甚近的薄壁立柱组成,则称为双薄壁墩连续刚构。

根据建桥材料的不同,梁桥还可以分为木石梁桥、钢筋混凝土梁桥、预应力钢筋混凝土梁桥、钢梁桥等多种类型。有的梁桥的不同区段采用了不同的材料,称为混合梁桥。有的梁桥是由上下分层的不同材料建造而成的,称为结合梁桥。

表1-2-1 梁桥结构体系

梁桥结构体系	简图	主要结构特征
简支梁		两个支点支撑梁的两端
悬臂梁		梁的端部伸出支点呈悬空姿态
连续梁		除两端支点外，还有中支点
连续刚构		梁在中支点与桥墩固结成整体
斜腿刚构		有与梁固结的一对斜支墩
连续V构		有与梁固结的V形支墩
连续Y构		有与梁固结的Y形支墩
双薄壁墩连续刚构		有与梁固结的‖形支墩

梁桥的横截面有多种形状，还可以根据横截面形状对梁桥进行分类。常见的有矩形截面的板梁桥、I形截面的工字梁桥、T形截面的T梁桥，以及内部有空腔的箱梁桥等。

梁桥还可根据其侧面的特征进行细分。侧面没有镂空的称为实腹梁桥，有镂空的称为空腹梁桥。最典型的空腹梁桥为桁架梁桥，由杆件拼装而成。

几种典型梁桥如图1-2-1所示。

（a）简支钢桁梁桥

（b）连续梁桥

（c）连续刚构桥

（d）连续钢桁梁桥

▪ 图1-2-1 梁桥

二、拱结构

同样地，在认识拱结构之前，我们先做一个拱结构的实验：找一个废弃的钢卷尺，取一截钢带，从两端按压钢带，使其中部鼓起，用积木压住钢带两端使其稳固，就形成了一个简单的拱结构。由于这段钢带的刚度和自重都非常小，如果用这截钢带做成跨度相似的梁结构，它几乎不会有什么承载能力。用几根手指均匀按压我们刚才做的拱结构钢带，会发现它能够承受一些荷载。可见，与梁结构相比，拱结构的承载能力更强，这是拱结构的一个特点。继续研究这一结构，你会发现拱结构具有另外两个特点：容易失去稳定性、对两端支点有较大的推力。

拱结构以承受压力为主，建桥材料容易获取，材料的抗压能力发挥得比较充分，经济性能好。不过，拱结构的表面陡峭，不利于通行，需要在拱上修建立柱或拱腹来支承平坦的桥面，或者用吊索系住桥面并悬挂在拱结构上。拱结构的跨越能力适中，目前一般认为跨度在 600 m 以下的桥梁采用拱结构是比较合理的。我国的桥梁中，拱桥占比约 8%。拱结构的外形与彩虹相似，深受人们喜爱。

拱桥也具有悠久的历史和丰富的实例。根据拱轴线形状不同，拱结构还可细分为圆弧拱、椭圆弧拱、抛物线拱和悬链线拱等。拱肋的横截面也为曲面时称为双曲拱结构，这种结构类似于自行车挡泥板的形式。根据桥面与拱肋的相对位置关系，拱结构还可分为下承式、中承式和上承式拱结构，其中，上承式拱结构的桥面位于拱肋之上，下承式拱结构的桥面位于拱肋之下，中承式拱结构的桥面位于拱肋中间。上承式拱根据拱上建筑结构形式，可分为空腹拱和实腹拱。下承式拱桥可在主梁内布置拉杆来平衡两端拱脚处的巨大推力，形成无推力的系杆拱结构。结构体系中可以发生相对转动的部位称为铰，按照拱肋上铰的数量，拱结构还可分为无铰拱、独铰拱、双铰拱和三铰拱，其中无铰拱在我国最为常见。根据拱肋材料和构造形式的不同，拱桥还常分为石拱桥、木拱桥、钢拱桥、混凝土拱桥、钢筋混凝土拱桥、钢管混凝土拱桥、钢桁拱桥、钢箱拱桥等细类。拱桥分类如表 1-2-2 所示，部分拱桥实例如图 1-2-2 所示。

表1-2-2　拱桥分类

分类属性	主要分类
拱轴形状	圆弧拱桥、椭圆弧拱桥、抛物线拱桥、悬链线拱桥
拱肋的横截面是否弯曲	单曲拱桥、双曲拱桥
桥面相对拱肋的位置	下承式拱桥、中承式拱桥、上承式拱桥
拱肋与拱上桥面之间是否填实	空腹拱桥、实腹拱桥
拱脚基础是否承受推力	有推力拱桥、无推力拱桥（系杆拱）
拱肋上铰的个数	无铰拱桥、独铰拱桥、双铰拱桥、三铰拱桥
拱肋材料和构造形式	石拱桥、木拱桥、钢拱桥、混凝土拱桥、钢筋混凝土拱桥、钢管混凝土拱桥、钢桁拱桥、钢箱拱桥等

(a)石拱桥

(b)钢拱桥

(c)混凝土拱桥

(d)钢管混凝土拱桥

图1-2-2　拱桥

> **小贴士：拱肋**
>
> 拱肋是拱桥上部结构中的曲线形的主要承重构件。

三、索结构

索结构是最具现代感的桥梁结构，主要包括斜拉索结构和悬索结构。索结构的核心构件是承受拉力的索，拉力在索中分布均匀，能充分发挥材料的抗拉强度，是现代桥梁的主要发展方向。索结构是目前跨越能力最强的结构体系，理论跨度可超过 3000 m。

（一）斜拉索结构

斜拉索结构的实验：取一根筷子和一根比筷子稍长些的细线，将细线两端系在筷子两端，拎起细线中部就形成了一个斜拉索结构。往筷子上搭一些重物，会发现筷子是可以承受荷载的，同时会发现细线被绷得更紧了。

斜拉索结构是目前转移荷载效率最高的结构体系，造价经济，应用较为广泛。

斜拉索结构的主要承载构件包括斜拉索、主塔和主梁，其中斜拉索承受拉力，主梁和主塔则以承受压力为主。

　　根据不同的结构特征，斜拉桥还可分为多种不同类型（图1-2-3）。根据斜拉索的疏密程度，斜拉桥可分为稀索体系斜拉桥和密索体系斜拉桥。根据是否设置地锚，斜拉桥可分为有地锚斜拉桥和无地锚斜拉桥。稀索体系和有地锚体系只在斜拉索结构体系发明早期有少量工程实例，后来由于计算手段的提升和辅助墩的使用已很少采用。根据塔墩数量不同，斜拉桥可分为独塔斜拉桥、双塔斜拉桥和多塔斜拉桥。斜拉索的桥面锚点一般呈线状分布，桥面锚点在一条线上的斜拉索形成的扇面称为索面。根据索面数量不同，斜拉桥可分为单索面斜拉桥、双索面斜拉桥和三索面斜拉桥。斜拉桥还可以根据塔墩对主梁的约束方式，分为固结体系斜拉桥、全漂浮体系斜拉桥和半漂浮体系斜拉桥：固结体系的主梁与塔墩固结连接；全漂浮体系的主梁与塔墩只通过缆索系统连接；半漂浮体系在主梁和塔墩之间设置支座，限制顺桥向或横桥向的位移，使其只能在一个方向上漂浮。斜拉桥的主塔形式丰富，有A形、H形、倒Y形等多种形式，是斜拉桥造型的关键部位。

（a）两塔稀索体系斜拉桥

（b）两塔密索体系斜拉桥

（c）独塔斜拉桥

（d）多塔斜拉桥

■ 图1-2-3　斜拉桥

（二）悬索结构

生活中的悬索结构实例：将晾衣绳的两端绑在重重的石块上，中部用两个三脚架撑起，就做成了一个晾衣架。清洗干净的衣服搭在晾衣绳上晾晒，原本柔软的晾衣绳在承受荷载之后却变得紧绷绷的，它是主要的承力结构。软索承受荷载绷紧是应力刚化现象，这是索结构承载的主要原理。

悬索结构可以铺设桥面后直接承受荷载，但由于悬索表面并不平坦，不便于车辆通行，因此多用于人行交通。现代悬索桥拥有主梁，通过长短不一的吊杆悬挂在主缆下方，使建在主梁上的桥面平坦，利于车辆行驶。主缆中段被主塔高高支起，两端一般通过锚碇固定。和斜拉索结构相比较，悬索结构的主塔同样以承受压力为主，但地锚式悬索桥的主梁却不再承受压力。主梁的重量经吊杆传递后由主缆承担，使主缆产生拉应力而刚化，因此悬索桥的主梁也称为加劲梁。

悬索桥（图1-2-4）可根据是否设置锚碇，分为自锚式悬索桥和地锚式悬索桥。自锚式悬索桥主缆两端锚固在主梁端部使主梁承压，承重的主缆只能在主梁架设完毕后才能施工，这个矛盾使得其跨越能力受限，因此，自锚式悬索桥多用于城市景观桥。地锚式悬索桥的跨越能力较强，但造价较高，其锚碇多为重力式锚碇，在两岸地形、地质条件理想的条件下，也可采用隧道锚、岩孔锚等形式。悬索桥一般采用两个主塔，只有一个主塔的自锚式悬索桥也较为常见。有三个主塔的大跨度悬索桥拥有两个主跨，可以跨越宽阔水面，是我国特有的、处于世界领先地位的一项桥梁技术。

（a）索面承载悬索桥

（b）独塔自锚式悬索桥

图1-2-4 悬索桥

（c）双塔悬索桥

（d）三塔悬索桥

续图1-2-4

四、支撑和基础结构

梁、拱和索结构体系，是桥梁结构最重要、最基本的组成部分。除此之外，桥梁两端与路基连接处一般设有桥台，中部设有桥墩，索桥一般设有桥塔，悬索桥为了固定主缆还有巨大的锚碇，这些都是桥梁的支撑结构。支撑结构与基本结构体系一起，组成了桥梁的主体。

基础是桥梁的另一个重要组成部分，它被深埋在地面以下，平常难以发觉。桥梁基础的作用是将荷载分散传递到桥址环境中去。与一座房屋建筑只有一个基础结构不同，桥梁基础的数量一般与支撑结构数量相匹配，通常有多个。基础在荷载作用下，常会因基底土压缩等原因引发沉降。多个基础结构间的沉降不协调，对支撑结构之上的桥梁基本结构体系来说通常是有害的，是引起桥梁事故的主要因素之一。桥梁工程师都非常重视基础不均匀沉降的问题，他们发现只要控制了每个基础的沉降量，就能控制住基础间的不协调沉降，因此桥梁基础一般都采用沉降小的深基础类型。桩基础是最常用的，除此之外还有沉井、管柱、沉箱以及设置基础等多种不同形式。桥梁基础底部的埋深多数都在河床面之下 50 m 以上，有的甚至会超过 100 m。

第一章　初识桥梁

> **小贴士：平原地区的高速铁路为什么多采用以桥代路的方式？**
>
> 我国高速铁路的桥梁比例比普通铁路的桥梁比例要高得多，如京津城际铁路桥梁占比88%，京沪高速铁路桥梁占比80%，广珠城际铁路桥梁占比94%。其主要原因是少占良田、节约土地资源、解决路基对沿线交通和生态的阻隔问题。除此之外，高速铁路对轨道形状的要求更加严苛，桥梁采用深基础，由基础沉降导致的轨道变形比路基要小得多，有利于铺设无砟轨道，从而有效降低运营维护的工作量。

第三节　桥梁发展简史

如果要追溯最早的桥梁，其年代可能会早于人类起源。这并非意味着桥梁是外星人馈赠给人类的礼物，而是说桥梁本是来源于大自然的造化，聪明的人类先祖是从观察自然中学会了建造桥梁。

无论是梁桥、拱桥还是索桥，在自然界中都有天成的例子。在原始森林中，老朽的枯树倒伏横亘于溪流之上，成为野生动物跨越溪流的交通要道，这就是天然梁桥最为常见的例子——横木为梁。天然拱桥的成因要复杂一些，其一般是下部软弱岩土被风化侵蚀，使上部坚固部分悬空而形成的天然结构。我们在一些景区经常见到一些所谓的"天生桥"，大都是这类天然拱桥。天然索桥的例子比较普遍，一般是森林巨树或山区沟谷中一些粗壮的多年生藤本植物天然形成的。人们观察到了这些简单原始的自然存在，在实践中不断学习、总结和创新，逐渐发展出了桥梁工程技术，创造出多姿多彩的桥梁世界。

一、古代桥梁

据历史文献记载，我国早在殷商和西周就有了桥梁，那时的桥梁均为木构，且多为浮桥和木梁桥。大约在公元前12世纪，周文王姬昌为婚娶迎亲，曾在渭河上"造舟为梁"，架设了一座浮桥。《诗经·大雅·大明》写道："文定厥祥，亲迎于渭。造舟为梁，丕显其光。"这是我国古代最早有文字记载的桥梁。另据《史记》记载：公元前985年，周穆王曾在巨鹿水上造桥；公元前541年，秦公子鍼（同"针"）曾在陕西大荔东黄河上修建浮桥。自周代以迄秦汉，桥梁建筑技艺不断发展。至汉代时，桥梁已经较为普及，并逐步形成了浮桥、梁桥、索桥和拱桥等桥梁类型，建筑材料以木料、砖石为主。据相关记载，公元前3世纪，在成都市郊出现竹索桥；公元前2世纪，在陕西出现铁链桥；目前最早的石拱桥记载是东汉末年满城（今河北保定市满城区）的石窦桥。

隋、唐、宋时期，国力强盛，取得了较长时间的安定统一，工商业、交通运输业十分发达，创造出许多举世瞩目的桥梁。这一时期，拱结构在桥梁建筑中得到广泛运用，建桥材料从以木料为主发展到以石料为主。敞肩式、筏型基础、浮运法等重大技术的突破，使拱桥如雨后春笋遍及全国，桥梁的造型也变得更为美观，出现了独特的启闭式桥、美观的叠梁式木拱桥等。赵州安济桥、苏州宝带桥、泉州洛阳桥、泉州安平桥（图1-3-1）、潮州广济桥（图1-3-2）、北京卢沟桥等一批世界一流的名桥，均诞生于这一时期。英国科学家李约瑟在其名著《中国科学技术史》中曾热情地赞叹道："（桥梁）在宋代有一个惊人的发展，造了一系列巨大板梁桥，特别是福建省，在国外任何地方都找不到能和它们相比的。"

在元、明、清时期的七百多年间，人们继承了前人创造桥梁的建筑技术，继续修筑新桥，维修、加固或重建旧桥。这一时期，竹索桥、藤索桥、铁索桥等索桥在中国西南山区兴盛。索桥技术是中国古代特有的桥梁技术，后来传播到了欧洲。在工业革命晚期，这项技术经悬链桥过渡，逐渐发展成以斜拉桥和悬索桥为代表的现代索桥技术。

■ 图1-3-1　泉州安平桥（石板梁桥，1138年建）

■ 图1-3-2　潮州广济桥（启闭式桥，1171年建）

国外在古代也以木、石作为主要的建桥材料，取得了璀璨的建桥成就。据史料记载，古罗马在公元前621年就建造了跨越台伯河的木桥，在公元前481年建造了跨越赫勒斯滂海峡的浮桥。古代美索不达米亚地区，公元前4世纪建有拱腹台阶式挑出的石拱桥。罗马时代的欧洲桥梁多为石拱桥，其中建于公元前98年的西班牙阿尔坎塔拉桥（Alcantara Bridge）的桥面高达52 m，建于公元前62年的法布

走近桥梁

里希奥石拱桥（Fabricio Bridge）单孔跨度达 24.5 m。罗马时代的石拱桥多为半圆拱，桥墩很宽，约为拱跨的 1/3。罗马帝国灭亡后的数百年内，欧洲桥梁建筑的形态变化不大。11 世纪时尖拱技术从中东传入欧洲，欧洲拱桥形态开始变得丰富，除圆拱、割圆拱外，还出现了椭圆拱和坦拱，如 1569 年建造的意大利佛罗伦萨的圣特里尼塔桥（Santa Trinita Bridge，图 1-3-3）。在木桥方面，104 年，匈牙利多瑙河上建成特拉杨木拱桥（Trajan Bridge）有 21 孔，每孔跨度达 36 m。桁架技术是欧洲木梁桥的特有技术，为工业革命时期钢桁梁桥在欧洲的兴盛埋下了伏笔。

■ 图1-3-3　佛罗伦萨的圣特里尼塔桥

小贴士：跨度

跨度（跨径）：指相邻两个桥墩之间的距离。"主跨"一般指一座桥中的最大跨度。桥梁是跨越式建筑物，跨度是桥梁的一个最重要指标，很大程度上代表了桥梁建设的难度。

二、近代以来桥梁科技的发展

古代建桥以木、石等天然材料为主，人工材料在桥梁工程上的应用是近现代桥梁科技的标志，材料技术的进步是近现代桥梁科技发展的物质基础。18世纪，冶铁技术的成熟使铁的生产和铸造变得容易，从而为桥梁提供了新的建造材料。建于1779年的英国铁桥（Iron Bridge，图1-3-4）是世界上第一座钢铁拱桥。1824年，英国石匠约瑟夫·阿斯普丁（Joseph Aspdin）在他的厨房发明了水泥。用水泥和制的混凝土最初被用于修建水坝。19世纪中后期，为解决当时严重的混凝土开裂问题，在浇筑混凝土时加入钢筋而出现了钢筋混凝土，并在20世纪前期发展为预应力混凝土。由此，出现了混凝土桥梁和预应力混凝土桥梁。

■ 图1-3-4 英国铁桥

力学是近现代桥梁科技发展的理论基础。力学在早期是一门单一的学科，具有悠久的历史。工业革命时期，人们遇到的力学问题数量增加，加速了力学的发展。19世纪中期，力学已发展出理论力学、材料力学和结构力学等分支学科。进入20世纪后，又进一步发展出了地质力学、土力学、固体力学和流体力学等分支学科，20世纪20年代固体力学又分化出弹性力学等分支。

走近桥梁

二战以后，力学与当时兴起的应用数学和计算机科学相互渗透、综合利用，发展出一个非常重要的数值分析方法——有限元分析法。过去用解析方法求解困难的问题、边界条件和结构形状都不规则的复杂问题，都能够用有限元分析法获得较为精确的解答。有限元分析法的基本思想，是先将研究对象的连续求解区域离散为一组数量有限且按一定方式相互联结的单元组合体，然后对各单元进行力学分析，最后对整体进行力学分析。先化整为零，再集零为整，是有限元分析法的基本思路。18世纪末，大数学家欧拉（Euler）创立变分法，也曾用与现代有限元分析法类似的方法求解轴力杆系的平衡问题，但那个时代缺乏强大的运算工具，无法解决运算量大的困难。二战以后，伴随着应用数学和计算机科学的高速发展，有限元分析法成为各类工程学科的主要研究内容之一，应用领域不断发展，求解精度不断提高，以至大到三峡大坝、小到微米级的元器件的工程问题大都采用有限元分析法来进行分析，桥梁建设也是如此（图1-3-5）。

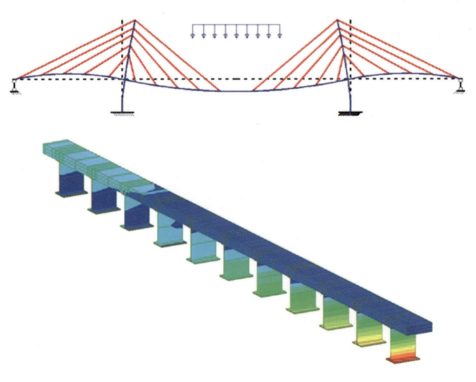

■ 图1-3-5　桥梁建设运用有限元分析法

二战以来，桥梁抗震技术也有重要发展。早期的桥梁抗震分析采用静力理论，20 世纪 40 年代出现了反应谱理论。该理论考虑了地面震动和结构动力特性的关系，比静力理论更加合理。20 世纪 70 年代又出现了延性抗震设计和能力保护设计方法，通过在预期的延性破坏构件和预期的受保护构件之间引入强度差异，最大限度地让破坏发生在预期的延性构件上，使破坏部位可以预期，方便进行专门的构造设计以提高延性，进而大幅提高整个结构在地震中的安全性。

在桥梁抗风技术方面，1879 年，苏格兰一座跨度 75 m 的铁桁架桥在建成次年被风摧毁，使桥梁建造者开始考虑风的静力作用。1940 年，美国塔科马海峡大桥（Tacoma Narrows Bridge）在风力不太大（约 19.3 m/s）时发生了严重振动并最终垮塌，使人们又认识到风对桥梁的动力作用，开启了风对桥梁动力作用的研究。

三、近现代桥梁

1814 年，英国人乔治·斯蒂芬森（George Stephenson）发明了蒸汽机车驱动的火车；1886 年，德国人卡尔·本茨（Karl Benz）发明了内燃机车驱动的汽车，交通业的发展使得桥梁建设需求大量涌现。这一时期，冶铁技术和混凝土技术也逐渐成熟。在不断的工程实践中，桥梁结构理论也得到快速发展。这些因素导致近现代的桥梁与古代桥梁相比有了显著的不同。首先，古代桥梁主要以木、石等天然材料建成，而近现代桥梁主要以钢铁、混凝土等人工材料建成。其次，古代桥梁主要用于承载行人和马车、牛车等畜力车，近现代桥梁则主要用于承载火车和汽车。

近现代桥梁最初在欧洲铁路线上开始建设时，沿用了古代桥梁的梁桥和拱桥建造技术，但主要使用铸铁和钢材作为建造材料，结构形式以桁架为主。1890 年建成的英国福斯桥（Forth Bridge，图 1-3-6）是这一时期桥梁的杰出代表。该桥在桥墩上修建巨大的纺锤形钢桁悬臂梁，跨中搭设 107 m 长的钢桁梁挂孔，使主孔跨度高达 519 m。这座桥全部用不耐腐蚀的钢材建成，必须涂刷油漆。涂刷油漆要耗费很多时间，一遍涂刷完毕时，最初涂刷的油漆又已经破损要重新涂刷，因此之后英国出现了"给福斯桥刷漆"这样一句俚语，用来形容一件永远也做不完的工作。

■ 图1-3-6　福斯桥

工业革命以来，数学和力学逐渐在拱桥的设计中起主导作用，拱桥设计理论臻于完善，拱桥的结构形式多样化，不再是单一的上承式实腹石拱桥。1932年建成的跨度502 m的悉尼海港大桥（Sydney Harbour Bridge，图1-3-7）是其中的典型代表。宏伟稳重的悉尼海港大桥与小巧灵动的悉尼歌剧院相映成趣，组成了举世闻名的城市符号，以至于很多人一提到悉尼，脑海中就浮现出悉尼海港大桥的样子，这就是桥梁的魅力。

■ 图1-3-7　悉尼海港大桥

1741年在英格兰建成的温奇人行桥（Winch Bridge）是欧洲最早的铁索桥。该桥使用尺寸不大的铁环制成链状铁索来支承桥面，在技术上与中国古代的铁索桥是完全相同的。1801年，从苏格兰来到美国的移民建造了一座熟铁链式悬索桥，跨度21 m，两根主缆由销链（用铁销连接眼杆）组成并锚于地面，该桥被美国人视为第一座现代悬索桥。法国人想到用铁丝来制作主缆。1824年，法国人在日内瓦建造了一座三塔两跨的人行桥，每跨42 m，有6根主索，每索由90根铁丝组成。1826年，英国建成跨度137 m的销链式悬索桥——梅奈海峡桥（Menai Strait Bridge）。1849年，美国人学习法式悬索桥技术后，用熟铁丝制作主索，建成跨度308 m的威林桥（Wheeling Bridge）。该桥在5年后毁于风暴，1860年重建，1874年增加了加劲斜索，1954年桥面改造，一直使用至今，是存世的建造最早的现代悬索桥。1854年，美国建成尼亚加拉瀑布悬索桥（Niagara Falls Suspension Bridge)。该桥上层通行火车，下层过行人和马车，跨度251 m，是世界上首座铁路悬索桥。1883年，罗布林（Roebling）父子建成举世闻名的纽约布鲁克林大桥（Brooklyn Bridge，图1-3-8），跨度486 m，由此拉开了现代大跨度悬索桥建设的帷幕。

■ 图1-3-8　布鲁克林大桥

走近桥梁

> **小贴士：布鲁克林大桥背后的励志故事**
>
> 　　1869年，布鲁克林大桥由老罗布林（约翰·罗布林）开始着手设计建造，但开工3个月后，老罗布林就因受伤感染破伤风，不治去世。那年小罗布林（华盛顿·罗布林）32岁，他继承父志继续施工，担任了总工程师。由于长期在水下作业，3年后小罗布林因患潜水病全身瘫痪，从此坐在家里的窗台前，用望远镜指导每项工程。小罗布林的妻子艾米莉（Emily）为了把丈夫的指令准确传达给工人，自学高等数学、力学、桥梁学等知识，每天往返于工地和家中，担负起大桥工程的实际指挥重任。建成后的布鲁克林大桥成为纽约市天际线不可或缺的一部分，在1964年更成为美国国家历史地标。工程师罗布林一家两代三口人的传奇故事，更是给大桥增添了华美的光彩。

　　虽然罗布林父子建造的桥梁使用了斜拉索结构体系，但斜拉桥的最初构思并非来自罗布林父子。早在1784年德国人就设计了木斜拉桥，19世纪初期斜拉桥曾在欧洲风行一时。但当时桥梁理论不足，无法精确计算高次超静定结构，当时的斜拉桥建造多以失败结束。1938年，德国人迪辛格（Dishinger）重新认识到斜拉索结构体系的优越性，提出现代斜拉桥设计概念；1955年，德国人在瑞典建成第一座现代斜拉桥，从此以后斜拉桥迅速发展。

　　二战以后桥梁建设中的另一个重大变化，是钢筋混凝土和预应力混凝土材料在桥梁建设中的大量运用。最早的钢筋混凝土桥梁可以追溯到19世纪后期，但由于当时严重的混凝土开裂问题以及人们担心混凝土开裂可能导致钢筋锈蚀问题，桥梁建设一直没有大量运用钢筋混凝土材料。直到二战后的欧洲重建时期，钢材极度缺乏，同时钢筋混凝土和预应力混凝土的技术已基本发展完善，混凝土材料才被大量用于桥梁建设，从而使这一时期的桥梁建设速度超过人类历史上以往任何一个时期。

我国近现代桥梁也是从铁路建设开始发展的。在半殖民地半封建社会的中国，铁路路权多为列强占据，桥梁起初也多为外国人修建。例如：我国第一座具有近现代水平的桥梁——建于1888年的唐（山）至胥（各庄）铁路蓟运河大桥，由英国人设计、比利时公司修建；1901年建成的位于中东铁路上的哈尔滨松花江桥，由受沙俄控制的东省铁路公司修建和经营；1905年建成的位于京汉线上的郑州黄河大桥由比利时公司承建；1908年建成的陇海线黑石关伊洛河桥及滇越铁路云南倮姑人字桥（图1-3-9）由法国人设计和建造；1909年建成的兰州黄河铁桥由德国人修建。

■ 图1-3-9　滇越铁路云南倮姑人字桥

1872年，清政府在洋务派的推动下选派了包括詹天佑在内的一批少年赴美国学习现代科学技术，修习铁路工程的詹天佑于1881年学成归国。1896年，清政府又创办南洋公学和北洋铁路官学堂，开始自己培养工程技术人才。1909年，詹天佑主持修建的京张铁路通车，标志着中国人已能够自己建造近现代桥梁。

走近桥梁

我国民国时期建桥成就乏善可陈,最著名的要数杭州钱塘江大桥,这是中国人自行设计建造的首座公铁两用大桥。该桥位于潮汐汹涌的钱塘江湾区,江底流沙深达40 m,建造非常不易。1937年9月和11月,铁路和公路相继通车。同年底抗日战争局势恶化,12月23日该桥被迫炸毁。虽然该桥只通行了不足3个月,但经过该桥抢运的国家战略物资和步行到后方的难民为数甚巨,仅杭州沦陷前三天内,就有十多万难民从桥上步行疏散至后方。抗日战争期间,该桥历经多次修复、破坏,直至新中国成立后该桥才被完全修复,后又经多次加固维修。

我国桥梁建设在新中国成立后迎来快速发展期。新中国成立初期,我国组建大桥局,集中全国桥梁科技力量,在苏联专家的帮助下成功建造了武汉长江大桥。该桥正桥为3联共9孔128 m跨度的连续钢桁梁桥,首创"大直径钢筋混凝土管柱"基础和"大型管柱钻孔法"工法,被誉为"万里长江第一桥"。1968年建成的南京长江大桥,正桥为1孔128 m简支梁和3联共9孔160 m跨度的连续钢桁梁,9个主墩分别采用重型混凝土沉井、钢沉井加管柱、浮式钢筋混凝土沉井和钢板桩围堰管柱基础。该桥在1985年与"两弹一星"一并获得"国家科学技术进步奖特等奖",被誉为"争气桥"。1973年至1993年建设的九江长江大桥,正桥为国内首次采用的3跨连续刚性梁柔性拱桥结构,主孔跨度216 m,首创双壁钢围堰大直径钻孔基础技术。2000年建成的芜湖长江大桥开创了我国公铁两用斜拉桥先河,主桥为矮塔斜拉桥,主孔跨度312 m。2009年建成的武汉天兴洲长江大桥采用三索面三主桁斜拉桥结构,主孔跨度504 m,桥面系与主桁结合共同受力,研制700 t架梁吊机实现钢桁梁节段整体安装,研制全液压动力头钻机将深水钻孔能力提升到直径4 m。2011年建成的南京大胜关长江大桥为6跨连续钢桁梁拱桥,两个主孔跨度均为336 m。该桥建造过程中在建桥材料和设备方面又有重大突破,与武汉天兴洲长江大桥共同标志着我国桥梁建造技术跻身世界领先行列。这六座大桥被誉为我国近现代桥梁发展史上的六座里程碑(图1-3-10)。目前我国桥梁总量已超过100万座,是世界第一桥梁大国。各大桥型的跨度排行榜上,中国桥梁的占比已超过半数。

(a)武汉长江大桥

(b)南京长江大桥

(c)九江长江大桥

■ 图1-3-10 我国近现代桥梁发展史上的六座里程碑

(d)芜湖长江大桥

(e)武汉天兴洲长江大桥

(f)南京大胜关长江大桥

■ 续图1-3-10

第二章 / # 桥梁的结构类型

Q

QIAOLIANG DE JIEGOU LEIXING

走近桥梁

人类为了跨越障碍，通达彼岸，数千年中修建了大量的桥梁。这些因地制宜修建的既美观又实用的桥梁是人类智慧的结晶。尽管历史上的桥梁以及现存于世的桥梁数不胜数，形态万千，但是究其根本可以大致分为梁桥、拱桥、斜拉桥、悬索桥，这也是现代土建桥梁专业的共识。在修建各类桥梁时，设计师们都努力建造出能够给世人留下深刻印象的独一无二的杰出建筑。其中，有很多桥已经跨越时空，凝固成了历史，成为时代与文明进步的标志。本章将结合这些杰出的桥梁工程，介绍各种形式的桥梁。

第一节 横木为梁——梁桥

古人创造的独木桥即为梁桥。如图 2-1-1 所示，两墩架一梁，是为"梁桥"，这是人类桥梁史上最简洁、最经典的桥型。

（a）实景

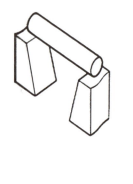
（b）示意图

■ 图2-1-1 简单梁桥

在这种桥型中，梁是单一的承重构件，因此称之为"梁桥"。梁可以是实腹梁，也可以是空腹梁。实腹梁构造简单，制造、架设和维修均较为方便，广泛应用于中、小跨度桥梁。当跨度进一步增大，实腹梁在材料利用上不够经济时，便可以采用空腹梁。比如桁架梁就是空腹梁的极致发展，其杆件承受拉力或压力，材料能充分利用，自重较轻，跨越能力大，多用于建造大跨度桥梁。成昆铁路三堆子金沙江大桥（图2-1-2）就是桁架桥的经典作品。

■ 图2-1-2　成昆铁路三堆子金沙江大桥

按照梁受力的复杂程度，梁桥可分为简支梁桥、悬臂梁桥、连续梁桥和连续刚构桥。

简支梁桥是将梁的两端放置在桥墩或桥台上的桥梁，各跨梁单独受力，近代力学中称之为静定结构，正如两人抬一长条形重物，基本上一人出一半力。而如果三个人来抬，各人出力变化就比较多，这种出力的方式，力学中称之为超静定结构。属于静定结构的简支梁受力比较简单，应用广泛，至今简支梁桥的数量仍为各类桥梁之冠。它还有一个特点就是受到的力不受两端支承墩的沉降变位的影响，能够适用于各种地质情况。因此目前在桥梁建造的过程中，遇到地震断层时，仍然选择简支梁来跨过。在我国，修建高速铁路时，为了获得更好的铁路轨道平顺性，减少对所经过地区的干扰等，大量采用24 m、32 m、40 m跨度的混凝土简支梁。在修建跨海桥梁时也采用简支梁架设的方式，由大吨位（2500～3600 t）专业化船舶来运输和架设（图2-1-3）。这些设备无疑将简支梁的建设推向了一个现代化的具有高科技含量的新阶段，使简支梁这种古老的桥式仍然占据桥式主流。

■ 图2-1-3 "小天鹅"号架梁船

简支梁的跨中位置受力最为不利,表征其大小的是力学上称为"弯矩"的量,其随跨度增大而急剧增大,大小与跨度的平方相关。简支梁桥受力如图 2-1-4 所示。

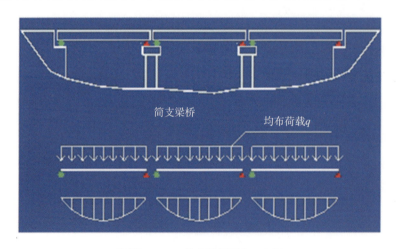

■ 图2-1-4 简支梁桥受力示意图

悬臂梁桥又称伸臂梁桥,是将简支梁向一端或两端悬伸出短臂的桥梁,也是静定结构,工程上最常用的有单悬臂梁桥和双悬臂梁桥两种。但由于悬出部分的末端容易形成折角等缺点,这一桥式已很少单独修建,主要见于桥梁的悬臂施工中。双悬臂梁桥受力如图 2-1-5 所示。

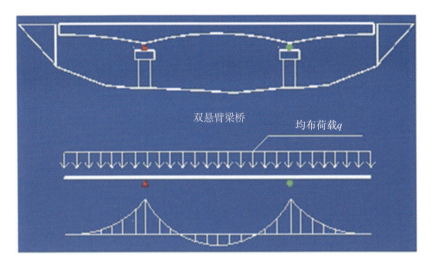

■ 图2-1-5 双悬臂梁桥受力示意图

连续梁桥是主梁连续跨过三个以上支座的桥梁，为超静定结构，适用于地质良好的桥位处，可用钢筋混凝土、预应力混凝土和钢材等建成，具有变形小、结构刚度好、行车平顺舒适、伸缩缝少、养护简单等优点。连续梁桥受力如图 2-1-6 所示。

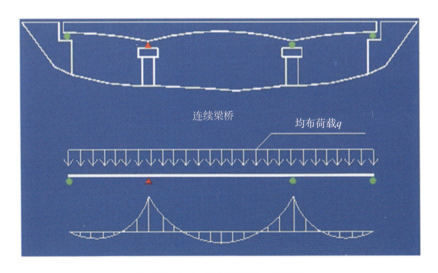

■ 图2-1-6 连续梁桥受力示意图

连续刚构桥（图 2-1-7）将梁与墩连接在一起，墩不仅承受了压力，还承受了较大的弯矩。在温度作用、收缩徐变作用、墩台沉降或预应力作用下，刚构桥会产生较大的次生内力。刚构桥的墩可以做成斜腿或 V 形等形式。

■ 图2-1-7　连续刚构桥

总之，梁桥为桥梁的基本体系之一，使用广泛，在桥梁建筑中占有很大比例，其上部结构可以是木结构、石结构、钢筋混凝土结构、预应力混凝土结构、钢结构，甚至是钢筋混凝土桥面板和钢梁的组合结构。

一、木梁桥与石梁桥

木梁桥、石梁桥出现得很早，有的桥甚至一直沿用至今。

坐落在陕西省咸阳古城附近的渭水三桥，在古代是非常有名的。渭水三桥包括中渭桥（图2-1-8）、东渭桥和西渭桥，都是多跨木梁木柱桥。其中，中渭桥始建于战国秦昭王时期，后来秦始皇又对其做了改建和加固。这座桥全长约525 m，宽约13.8 m，由750根木柱桩组成67个桥墩。68个桥孔平均跨度7.72 m，中间桥孔跨度达9 m，是世界上迄今为止发现的规模最大的木梁桥。

■ 图2-1-8　咸阳中渭桥遗址

我国宋朝（960—1279）建造了为数众多的石墩桥、石梁桥。300多年间，仅泉州一地，见于古籍的桥梁就有约100座，其中名桥10座。如福建泉州洛阳桥（图2-1-9），又称万安桥，共有47孔，建于洛阳江入海口，桥总长约834 m，桥宽7 m。该桥始建于宋皇祐五年（1053年），完成于宋嘉祐四年（1059年），是我国现存最早的跨海石梁桥，其用养殖牡蛎固定基座的方法堪称创举。

■ 图2-1-9　泉州洛阳桥

木梁桥和石梁桥取材容易，在没有混凝土和钢材的古代应用广泛，但其跨度和承载力小，在近现代主要被当作景观桥梁。

二、钢筋混凝土梁桥

混凝土受压能力强，但受拉能力差，所以有人尝试在混凝土梁的受拉区配备钢筋，钢筋混凝土梁桥由此产生。钢筋混凝土梁桥最早出现于19世纪末，距今已有100多年的历史。经过长期的实践和理论研究，钢筋混凝土结构设计理论已经日渐成熟，施工技术的发展也日趋完善。我国在20世纪初开始应用此类技术，主要应用于中小跨度的板梁、T梁等形式（图2-1-10）。

（a）空心板梁　　　　　　　　　　　（b）T梁

■ 图2-1-10　钢筋混凝土梁桥

钢筋混凝土梁桥具有集料取材方便、耐久性好和维修费用少等优势；但也有不足之处，如自重大、跨度小，由于裂缝宽度的限制，不能充分发挥钢筋的抗拉强度等。

三、预应力混凝土梁桥

预应力混凝土是为了弥补混凝土过早出现裂缝的现象而发明的一项技术。它的基本原理为：在构件使用（加载）以前，预先给混凝土一个预压力（在混凝土的受拉区内，用人工施加力的方法对钢筋进行张拉），利用钢筋的回缩力使混凝土受拉区预先承受压力。

1928年，法国人弗莱西奈（Freyssinet）第一个研制成功预应力钢筋混凝土。1933年，德国建成最早的预应力混凝土简支梁桥，跨度34.5 m。我国应用预应力技术建造桥梁始于20世纪50年代初，随后发展迅速，该类桥梁数量庞大。

预应力技术既利用了混凝土抗压能力强的特性，又充分发挥了预应力筋的抗拉强度高的优势，使混凝土梁桥自重更轻、跨度更大。预应力混凝土梁桥主要包括三种类型：预应力混凝土简支梁桥、预应力混凝土连续梁桥和预应力混凝土连续刚构桥。其中，预应力混凝土简支梁桥和连续梁桥梁体断面多为箱梁（图2-1-11），其跨度一般在50 m以下，包括公路标准设计预应力混凝土梁、客货共线铁路标准设计预应力混凝土梁和客专及高铁标准设计预应力混凝土梁。标准设计预应力混凝土梁推动桥梁建设走向预制化和工厂化，缩短了桥梁建设周期，降低了成本。

图 2-1-12 为预应力钢束及锚具的构造。预应力钢（束）放置在混凝土的梁体受拉区域，通过施加强大的预加力，使受拉区域的混凝土产生压力，形成一种很好的受力结构。

图2-1-11　预应力混凝土箱梁

图2-1-12　预应力钢束及锚具

21世纪初，随着高速铁路的发展，标准化梁的应用达到了高潮。中国高速铁路桥梁比例大，多采用 24 m、32 m 和 40 m 的标准化预应力混凝土简支箱梁，其中 32 m 简支箱梁的应用最多。

预应力混凝土连续梁桥适用于中等跨度的长联桥梁，其典型结构为变截面连续箱梁桥。具有代表性的桥梁是1991年建成的杭州钱塘江二桥（图 2-1-13），该桥为14跨连续，每跨 80 m，即超长联。

图2-1-13　杭州钱塘江二桥

走近桥梁

预应力混凝土连续刚构桥跨度一般在 300 m 以内，其典型结构为悬臂浇筑施工的变截面 T 构和连续刚构，截面一般采用箱形，如 1997 年建成的广东省虎门大桥辅航道桥（图 2-1-14），主跨 270 m，仍为国内同类桥梁的跨度之最。

■ 图 2-1-14　虎门大桥辅航道桥

四、钢梁桥

我国建造铁桥技术的历史可以追溯到 15 世纪。根据记载，当时人们就会以铁造桥，在我国西南地区有世界最早的铁链桥。在 1888 年之前以铁桥为主，使用的材料主要是铸铁和锻铁，钢桥很少。我国钢桥的建造技术主要是由西方引进，清光绪十四年（1888 年）建成的唐（山）胥（各庄）铁路蓟运河桥，采用 2 孔跨度 62 m 下承单线钢桁梁，是中国早期铁路建设中的第一座大型钢梁桥。新中国成立初期，国家各项建设事业蓬勃发展，桥梁建设技术也随之进步。当时建造的铁路桥梁中，跨度较大、荷载较重的常采用钢梁桥，我国现代钢桥技术由此正式起步。

钢梁桥的优点表现为结构构件采用工厂化制造，安装速度快，施工工期短，但是钢梁桥也存在易腐蚀的缺点。钢梁桥根据主梁横断面不同可分为钢板梁桥、钢箱梁桥和钢桁梁桥。

（一）钢板梁桥

钢板梁从行车方式上可分为上承式钢板梁（图 2-1-15）和下承式钢板梁（图 2-1-16），其主要承受荷载的结构由两片（或多片）"工"字形（或 T 形）截面组成。铁路简支钢板梁桥的经济跨度一般在 40 m 以下，而连续钢板梁桥的经济跨度可以达到 60 m。20 世纪 50 至 60 年代，铁路桥多采用上承式简支钢板梁桥，跨度在 20～32 m。而公路桥由于活荷载小，钢板梁桥（图 2-1-17）的适用跨度可扩大到 50～80 m。

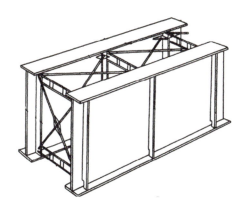

■ 图2-1-15　上承式钢板梁透视图

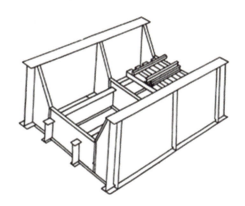

■ 图2-1-16　下承式钢板梁透视图

■ 图2-1-17　钢板梁桥

(二) 钢箱梁桥

随着高强度钢和焊接技术在桥梁上的应用及薄壁结构计算理论的发展，20世纪50年代后期薄壁钢箱梁桥开始应用于实际工程中。箱形截面主梁具有较大的抗弯刚度和较强的抗扭性能，从而提高了结构的跨越能力，并能很好地承受横向分布荷载，适用于各种复杂结构，如小半径及跨越道口的异形市政高架桥、匝道桥等。同时，箱形截面主梁的整体性较好，适用于现代化的施工方法，如悬臂法、顶推法等，并且正交异性板钢箱梁可以沿其纵向和横向分段吊装拼装，构件质量轻，安装周期短，适用于快速化施工。近年来，钢箱梁桥在城市高架桥和立交桥建设中得到了广泛应用。

我国对钢箱梁桥的研究工作始于1965年，1966年试制了一孔32 m的钢箱梁。改革开放以来，钢箱梁在桥梁上的应用越来越多，节段间的连接技术也由栓焊连接发展为如今普遍使用的全焊连接。

2011年落成的崇启大桥（图2-1-18），正桥采用6跨连续变截面钢箱梁，长944 m，是当时中国规模最大的变截面钢箱梁桥，梁宽16.1 m，185 m整跨钢梁的起吊质量超过2650 t，跨度和联长也为当时国内同类型桥梁之最。

（a）实桥图　　　　　　　　　　（b）施工图

■ 图2-1-18　崇启大桥

(三) 钢桁梁桥

当梁桥跨度较大时，采用钢箱梁的经济性和美观性较差，因而一般采用钢桁梁，尤其下承式的钢桁梁采用得更多。钢桁梁是钢桥中常用的结构形式，由主桁、联结系、桥面系组成，具有很好的桥梁刚度及较大的跨越能力，在我国铁路和公路大跨度梁桥中被大量使用，也常用于拱桥、斜拉桥和悬索桥的主梁结构中。钢桁梁跨越能力强，一般用于特大型桥梁建设，与其他梁桥相比，因其建设规模大而更容易成为经典，如钱塘江大桥、武汉长江大桥、南京长江大桥。

1937年9月和11月，铁路和公路相继通车的钱塘江大桥（图2-1-19）位于杭州市六和塔附近的钱塘江上，为我国第一座双层铁路、公路两用桥，也是我国自行设计建成的一座现代化桥梁。该桥由著名桥梁专家茅以升先生主持设计，正桥全长1072 m，由16孔跨度为65.84 m的简支钢桁梁组成。同年底因战局恶化，为阻断日军从浙北南下，我方不得不于12月23日自行将钱塘江大桥炸毁。抗战胜利后开始重修钱塘江大桥，于1953年9月全面修复完工。

■ 图2-1-19　钱塘江大桥

武汉长江大桥（图2-1-20）是万里长江上的第一座大桥，也是新中国桥梁建设事业的第一座里程碑。该桥位于武汉市武昌蛇山和汉阳龟山之间，正桥共9孔，每孔128 m，3孔一联，共3联，1955年9月动工，1957年10月正式通车。2018年入选"中国第一批工业遗产保护名录"。

■ 图2-1-20　武汉长江大桥

走近桥梁

1968年,中国人依靠自己的技术、材料,自主设计建造了主跨160 m的南京长江大桥(图2-1-21)。该桥位于南京市鼓楼区下关和浦口区桥北之间,正桥采用[3×(3×160)+128] m钢桁梁。在修建南京长江大桥时,面临国外技术和材料的封锁,我国建桥人独立自主完成设计建造,成功研制国产桥梁钢16 Mnq,当时称之为"争气钢"。该桥首创四种新型深水基础,开创了中国设计建造大型桥梁的新纪元,是新中国桥梁建设事业的第二座里程碑。2016年,带着时代烙印的南京长江大桥桥头堡入选首批"中国20世纪建筑遗产名录"。

■ 图2-1-21　南京长江大桥

在此之后,我国又先后在万里长江上修建了九江、芜湖、天兴洲、黄冈、铜陵等公铁两用桥。新建的五峰山长江大桥、常泰长江大桥都是主跨超千米的特大公铁两用桥。上述这些桥虽然同为钢桁梁,但是建桥材料在不断进步。

桥梁的建造与材料密切相关,从原始的石材、木材到锻铁、钢铁,新材料的出现将建桥技术不断向前推进。到了钢铁时代,其发展的脉络愈加清晰。20世纪50年代,我国钢桥主要采用普通碳素钢——A3钢(相当于现在的Q235钢)。这种钢材含碳量较高，可焊性差，只能进行铆接，如武汉长江大桥的正桥连续铆接钢桁梁就采用了 A3 钢。20 世纪 50 年代后期，我国开始研究能够焊接的国产高强度低合金钢 16 q 钢和 16 Mnq 钢，如南京长江大桥采用 16 Mnq 钢，屈服强度为 340 MPa，它比用 A3 钢节约钢材约 15%。20 世纪 70 年代，我国成功研制出强度更高的 15 MnVNq 钢，屈服强度是 420 MPa，又比用 16 Mnq 钢节约钢材 10% 以上。20 世纪末，我国又研制出另一种新型的桥梁用钢 14 MnNbq 钢，屈服强度为 370 MPa，可焊接的最大板厚达 50 mm，用于芜湖长江大桥。21 世纪初，我国大力发展高速铁路，天兴洲长江大桥研制采用了 Q370 钢，大胜关长江大桥研制采用了 Q420 钢材，沪通长江大桥研制采用了 Q500 钢。轻质高强材料的出现是推动建造技术向前发展的革新性因素。在今后的桥梁建设中，更新型的材料将被研制和采用。随着铁路网的建设，在长江、黄河上修建了数量众多的多功能合建铁路大桥，仅将有代表性的桥梁汇总形成表 2-1-1，形象展示钢桥建造技术的进步。

表 2-1-1　新中国典型多功能合建铁路大桥主要参数及桥梁钢材发展

参数	武汉长江大桥	南京长江大桥	九江长江大桥	芜湖长江大桥	天兴洲长江大桥	大胜关长江大桥	沪通长江大桥
主跨/m	128	160	216	312	504	336	1092
通车日期	1957 年 10 月	1968 年 12 月	1993 年 1 月	2000 年 9 月	2009 年 10 月	2011 年 1 月	2020 年 7 月
钢材种类	A3	16 Mnq	15 MnVNq	14 MnNbq	Q370	Q420	Q500
屈服强度/MPa	235	340	420	370	370	420	500
钢材/万吨	2.14	6.65	5.68	9.60	4.6	7.46	25

> **小贴士：屈服强度**
>
> 屈服强度是金属材料发生屈服现象时的屈服极限，亦即抵抗微量塑性变形的压力。

五、组合梁桥

由不同材料制成的构件通过连接件组合形成共同受力的梁桥称为组合梁桥。组合梁桥兴起和发展的根本原因是建设者追求梁式桥的经济性和实用性。在组合梁桥中，将混凝土构件和钢构件分别应用于梁式桥的受压区和受拉区，使混凝土和钢材两种材料优势互补，既发挥了两种材料各自的优点，又避开了各自的缺点，使得组合后的材料性能超过了两种材料各自的力学性能。正是由于组合梁使材料各尽其用，才实现了组合梁桥的经济性，也使得其在桥梁工程中得以推广应用。

组合梁桥包括结合梁桥和混合梁桥：混凝土构件与钢构件按梁高度方向组合形成的组合梁桥通常称为结合梁桥，按梁长度方向组合形成的组合梁桥通常称为混合梁桥。

（一）结合梁桥

结合梁桥可分为两种：常规结合梁桥和波形钢腹板结合梁桥。

与钢梁桥相比，结合梁桥的主要优点：① 成本低；② 减小冲击，耐疲劳；③ 减少钢梁腐蚀与噪声；④ 维修养护容易；⑤ 桥面铺装质量容易得到保证。与混凝土梁桥相比，结合梁桥的主要优点：① 重量轻；② 制造施工简便，施工周期短。

1. 常规结合梁桥

常规结合梁桥（图2-1-22）由下层的钢梁和上层的混凝土板通过连接器组合而成。连接器有多种类型，目前最常用的是栓钉剪力键（图2-1-23）。钢梁可以是钢板梁（图2-1-24）、钢桁梁（图2-1-25）和钢箱梁（图2-1-22）。

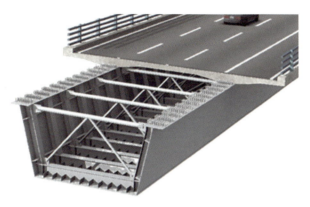

■ 图2-1-22　常规结合梁桥主梁示意图

■ 图2-1-23　栓钉剪力键示意图

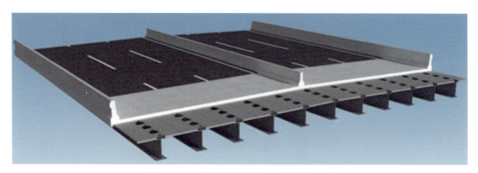

■ 图2-1-24　钢板梁与混凝土板结合示意图

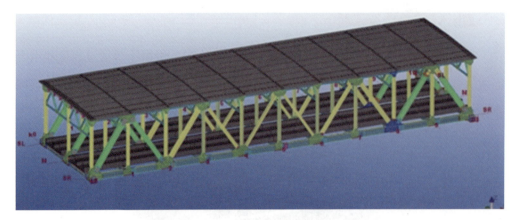

■ 图2-1-25 钢桁梁与混凝土板结合示意图

■ 2.波形钢腹板结合梁桥

波形钢腹板结合梁桥即波形钢腹板预应力混凝土箱梁桥，又称波形钢腹板PC（prestressed concrete，预应力混凝土）桥，是用波形钢腹板取代预应力混凝土箱梁中的混凝土腹板，由波形钢腹板、混凝土顶板、混凝土底板、体内索和体外索组合而成（图2-1-26）。其显著特点是用10～20 mm厚的钢板取代30～80 cm厚的混凝土腹板。在20世纪80年代，法国首先设计并建造了波形钢腹板结合梁桥——科尼亚克桥（Cognac Bridge），其后又相继建造了莫派高架桥（Maupre Bridge）、阿斯泰里克斯桥（Asterix Bridge）和多尔桥（Dole Bridge）等数座波形钢腹板结合梁

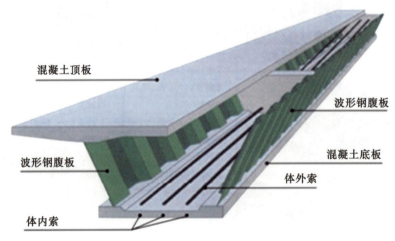

■ 图2-1-26 波形钢腹板结合梁桥

桥。日本修建了北关东鬼怒川桥、本谷桥等波形钢腹板结合梁桥。波形钢腹板结合梁桥在我国也发展迅速。我国第一座波形钢腹板结合梁桥是2005年建成的淮安长征人行桥（图2-1-27）。截至2018年年底，国内已建成波形钢腹板结合梁桥数十座，如主跨120 m的山东鄄城黄河公路大桥（图2-1-28）、南京滁河大桥（图2-1-29）。

■ 图2-1-27　淮安长征人行桥

■ 图2-1-28　山东鄄城黄河公路大桥

■ 图2-1-29　南京滁河大桥

> **小贴士：小桥、中桥、大桥、特大桥**
>
> 1. 按多孔跨度总长分：特大桥（$L>1000\ m$）、大桥（$100\ m \leq L \leq 1000\ m$）、中桥（$30\ m<L<100\ m$）、小桥（$8\ m \leq L \leq 30\ m$）。
>
> 2. 按单孔跨度分：特大桥（$L>150\ m$）、大桥（$40\ m \leq L \leq 150\ m$）、中桥（$20\ m \leq L<40\ m$）、小桥（$5\ m \leq L<20\ m$）。

（二）混合梁桥

混合梁桥最早起源于斜拉桥（关于斜拉桥的介绍详见本章第三节），其主梁由钢梁与混凝土梁在桥梁纵向通过适当的连接构成，它充分利用了钢梁和混凝土梁的优点。钢-混凝土混合梁在受力性能、跨越能力、经济性等方面具有显著的竞争优势，在桥梁建设中得到越来越广泛的应用，目前已在梁桥、拱桥、斜拉桥、悬索桥等多种形式的桥梁结构中得到了大量的应用。

重庆石板坡长江大桥复线桥（图2-1-30）为典型的混合梁桥。该桥主跨达到了330 m，为了减轻中跨的重量，中间一段采用了108 m的钢箱梁。这一跨度创造了梁桥跨度的世界纪录。正是充分利用了钢箱梁以及混凝土各自的材料特性优势，避免了由于大跨度的混凝土梁的自重过大导致的连续刚构梁桥的跨越障碍，使得此桥突破了300 m的梁桥跨度。该桥于2003年12月正式动工，2006年8月28日竣工通车，获第九届"中国土木工程詹天佑奖"。

（a）实桥图

■ 图2-1-30　重庆石板坡长江大桥复线桥

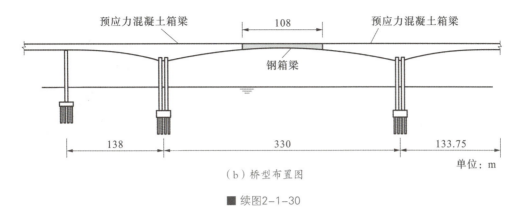

(b)桥型布置图

■ 续图2-1-30

混合梁桥中,结合段是主梁刚度的突变点,容易形成结构体系的弱点,因此,结合段的设计是混合梁桥设计的重点和难点。

2010年以后,我国又相继建成了多座钢-混凝土混合连续梁桥,如主跨230 m的鹤南大桥、主跨230 m的小揽水道特大桥和主跨230 m的瓯江特大桥。

第二节 彩虹飞架——拱桥

同梁桥一样,拱桥也是一种古老的桥型,其圆弧状的曲线外形更加优美。一座座拱桥宛若彩虹,容易给人们留下深刻的印象。提起梁桥,恐怕非专业人士能够脱口而出的不多,而拱桥就不同了,大家耳熟能详的就有历史悠久的赵州桥、在近代史中留下浓墨重彩印记的卢沟桥等。

起初,人类模仿石灰岩溶洞所形成的"天生桥"(图2-2-1),逐步建成石拱桥(图2-2-2)。到19世纪中叶后,随着混凝土和钢铁建筑材料的出现,石拱桥逐渐为钢筋混凝土拱桥和钢拱桥所代替。

从世界范围来看,古罗马拱桥建造时间相对较早,大约出现在公元前2世纪,至今很多石拱桥依然矗立。中国的拱桥始建于东汉中后期,至今已有1800余年的历史,因其外形呈曲线,所以古时常被称为曲桥。拱桥是我国常见的一种桥梁形式,其式样多,数量大。

走近桥梁

■ 图2-2-1 "天生桥"

■ 图2-2-2 石拱桥

第二章　桥梁的结构类型

拱桥造型优美，曲线圆润，富有动感。单拱的如北京颐和园玉带桥，拱圈呈抛物线形，桥身用汉白玉，桥形如长虹卧波。多孔拱桥适用于较宽广的水面，常见的多为三、五、七孔，如著名的颐和园十七孔桥，长约150 m，宽约8 m，连接昆明湖东岸与南湖岛，丰富了昆明湖的层次，成为万寿山的对景。

> **小贴士：拱圈**
>
> 拱圈是一种建筑结构，其外形为圆弧状。由于各种建筑类型的不同，拱圈的形式略有变化，如半圆形、尖形、马蹄形、弓形、三叶形、复叶形和钟乳形等。

一、石拱桥

罗马建筑是罗马文明的重要载体，罗马石拱桥在罗马建筑中占有举足轻重的地位。有意大利学者研究指出，现存的罗马桥梁（含遗迹）共有931座，其中绝大部分为石拱桥。这些罗马桥梁分布于欧洲、北非（突尼斯、阿尔及利亚等）和西亚（土耳其、叙利亚等），其中意大利占了近一半，有460座；西班牙次之，有142座；法国排第三，有72座。

罗马石拱桥的功能主要有两方面。一是交通功能，在罗马帝国的重要城邦或罗马大道上修建，一般是跨河修建的。最为著名的桥梁是古罗马断桥（图2-2-3），又称埃米利奥桥（Ponte Emilio），是罗马现存最古老的石拱桥，建于公元前142年，原有7孔，现仅剩1孔，故称为"断桥"。图2-2-3中右边远处的一座桥叫法布里奇奥桥，建于公元前62年，桥长62 m，最大跨度24.5 m，现仍在使用。二是为解决城市供水修建，主要为谷架桥。最有代表性的桥梁是加尔桥（Pont du Gard，图2-2-4），是一座三层石拱水道桥。

■ 图2-2-3 古罗马断桥

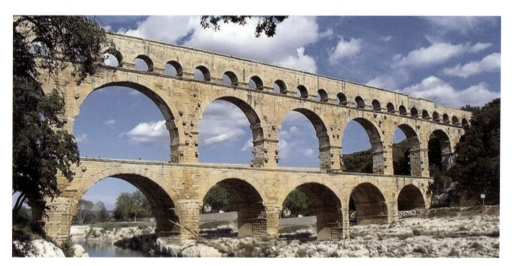

■ 图2-2-4 古罗马加尔桥

加尔桥跨越加尔河，位于法国普罗旺斯地区尼姆城的东北部。加尔桥底层是人行道，有6个拱门，长约142 m，高度为22 m，间距16～24 m；中间层有11个拱门，长约243 m，间距19 m；上层有35个拱门，间距为4.6 m。加尔桥自公元前1世纪开始建造，用于向古罗马大都会尼姆城提供清洁用水。该桥将水引至尼姆城，再分至公共澡堂、喷泉和私人住宅，是罗马人为创造文明和卫生的生活条件所作的一项重要贡献。加尔桥无论是在形式上还是结构上，都充分体现了罗马帝国建筑的辉煌气势和精湛的工艺,是古罗马建筑艺术中的一件瑰宝。1985年,联合国教科文组织将加尔桥列入"世界遗产名录"。

中国的石拱桥有悠久的历史。中国有历史记载的石拱桥,目前已知最早的是东汉河北满城的石窦桥(54年)。石拱桥在我国几乎到处都有。这些桥大小不一、形式多样,有许多是惊人的杰作。其中最为著名的当推河北省赵县的赵州桥(图2-2-5)。赵州桥的"敞肩拱"是中国首创,后来在园林建筑中仿此形式的很多。

■ 图2-2-5 赵州桥

赵州桥又称安济桥,坐落在河北省赵县的洨河上,跨度37.02 m,全桥宽9.6 m。由隋朝著名匠师李春设计建造,距今已有1400多年的历史,是世界上现存最早、保存最完整的古代单孔敞肩石拱桥。像这样的敞肩拱桥,欧洲直到19世纪中期才出现,比我国晚了1200多年。1961年,赵州桥被纳入全国第一批全国重点文物保护单位;1991年,赵州桥被美国土木工程师学会选定为世界第十二处"国际土木工程历史古迹",并于桥北端东侧建造了铜牌纪念碑。

目前世界上最大跨度的石拱桥是我国山西晋城的丹河大桥(图2-2-6)。该桥主跨146 m,为上承式石拱桥,1997年11月开工建设,2000年7月建成,已被正式列入吉尼斯世界纪录。

走近桥梁

■ 图2-2-6　山西晋城丹河大桥

小贴士：赵州桥的特点

赵州桥的设计完全合乎科学原理，施工技术更是巧妙绝伦。唐朝的张嘉贞说它"制造奇特，人不知其所以为"。这座桥有如下几大特点。

（1）全桥只有一个大拱，长达 37.02 m，在当时可算是世界上最长的石拱。桥洞不是普通的半圆形，而是像一张弓，因而大拱上面的道路没有陡坡，便于车马上下。

（2）大拱的两肩上各有两个小拱。这是创造性的设计，不但节约了石料，减轻了桥身的重量，而且在河水暴涨的时候，还可以增加桥洞的过水量，减轻洪水对桥身的冲击。同时，拱上加拱，桥身也更美观。

（3）大拱由28道拱圈拼成，采用铁拉杆夹住拱圈，设置"腰铁"把拱石连接起来，既能保证整体性，又能让每道拱圈独立支撑上部重量，一道出现问题，其他各道不受影响。

（4）全桥外形匀称，桥上的石栏、石板雕刻得古朴美观，和四周景色配合得十分和谐。唐朝的张鷟说，远望这座桥就像"初月出云，长虹饮涧"。

赵州桥高超的技术水平和不朽的艺术价值，充分显示出我国劳动人民的智慧和力量。

二、钢筋混凝土拱桥

20 世纪 50 至 70 年代，我国开始大量修建钢筋混凝土拱桥，其中以双曲拱桥居多，同时也修建了很多钢筋混凝土箱形拱桥和肋拱桥，其跨度已超百米，如四川马鸣溪大桥（主跨 150 m）。80 年代后，钢筋混凝土拱桥的跨度越来越大，代表桥有四川宝鼎大桥（主跨 170 m）、涪陵乌江大桥（主跨 200 m）、四川小南门大桥（主跨 240 m）、广西蒲庙大桥（主跨 312 m）。90 年代，我国修建了当时世界上最大跨径的混凝土拱桥——万县长江公路大桥（现万州长江公路大桥，主跨 420 m，图 2-2-7）。进入 21 世纪后，我国混凝土拱桥的跨度纪录再一次被刷新——沪昆高铁北盘江特大桥（图 2-2-8）主跨为 445 m，成为当今世界跨度最大的混凝土拱桥。万州长江公路大桥和沪昆高铁北盘江特大桥由于跨度大，其拱圈并非单纯的钢筋混凝土，其中增设了用来提高受力的钢桁架，混凝土将其包裹在里面，钢桁架就像人体的骨架。这一类拱桥被称为劲性骨架钢筋混凝土拱桥。

■ 图 2-2-7　万州长江公路大桥

■ 图2-2-8　沪昆高铁北盘江特大桥

三、钢拱桥

目前，钢拱桥主要包括钢桁拱桥、钢箱拱桥和钢管混凝土拱桥三种形式。

钢拱桥的发展与建筑材料的发展紧密相关。铁和钢在实现了工业化生产后，用在桥梁建造中是从拱桥开始的，因为拱桥是当时大跨度桥梁的最主要桥型。世界上第一座铸铁拱桥为1779年在英国建造的铁桥（图2-2-9），该桥跨度30.48 m，高度约15.85 m，宽约5.5 m，是英国工业革命的重要标志。正是受其影响，桥址所在河谷更名为铁桥谷，当地还留有当年炼铁的炉窑（图2-2-10）。

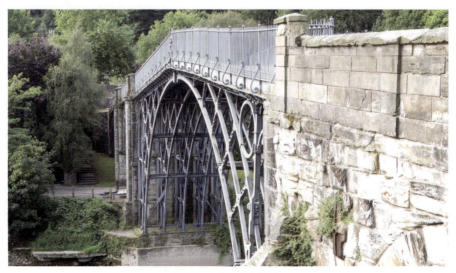

■ 图2-2-9　英国铁桥

■ 图2-2-10 铁桥谷当年炼铁的炉窑

世界上第一座钢拱桥为1874年建成的美国圣路易斯市的伊兹桥（Eads Bridge）。该桥建成后，钢拱桥在世界范围内得到了较大的发展。1916年，美国建成了主跨298 m的纽约狱门桥（Hell Gate Bridge）；1931年，建成了主跨504 m的培虹桥（Bayonne Bridge）。1932年，澳大利亚建成了主跨503 m的悉尼海港大桥。20世纪70年代美国又修建了主跨518 m的新河谷桥（New River Gorge Bridge）。

与国外钢拱桥相比，中国钢拱桥起步较晚。在21世纪以前，中国钢拱桥修建较少，其中1993年建成的九江长江大桥为这个时期的代表作。进入21世纪后，中国建成了重庆朝天门长江大桥、宜万铁路万州长江大桥、南京大胜关长江大桥等有影响力的大跨度钢桁拱桥。在钢箱拱桥方面有2003年在上海黄浦江上建成的卢浦大桥、成贵铁路金沙江特大桥；在钢管混凝土拱桥方面，先后建成了贵州水柏铁路北盘江大桥、四川巫山长江大桥、重庆菜园坝长江大桥。

（一）钢桁拱桥

九江长江大桥（图2-2-11）为主跨216 m的中承式连续钢桁拱桥，1973年12月开工，1993年1月建成通车。首创双壁钢围堰大直径钻孔基础施工法，首次研制采用新钢种——15 MnVNq低合金高强度钢，并以栓焊结构代替铆接结构，使铆接钢梁退出历史舞台。该桥是继武汉长江大桥和南京长江大桥之后，新中国建桥史上第三座里程碑,获1996年度"中国建筑工程鲁班奖"、1998年度"国家科技进步奖一等奖"。

图2-2-11　九江长江大桥

宜万铁路万州长江大桥(图2-2-12)为主跨360 m的中承式连续钢桁拱桥,处于三峡库区,承载Ⅰ级单线铁路。2002年12月正式开工,2010年建成通车。图中远处的桥梁即为前文介绍过的万州长江公路大桥。

图2-2-12　宜万铁路万州长江大桥

重庆朝天门长江大桥(图2-2-13),主跨552 m中承式连续钢桁系杆拱桥,为公轨两用大桥(上层为6车道的公路,下层为双线轻轨),2004年12月动工,2009年4月通车。2019年,该桥被中国建筑业协会评选为"改革开放40年百项经典工程"。

■ 图2-2-13 重庆朝天门长江大桥

南京大胜关长江大桥（图2-2-14）为主跨2×336 m的中承式连续钢桁拱桥，途经大桥的线路共有3条6线，分别为京沪高速铁路双线、沪汉蓉快速客运通道双线和南京地铁S3号线双线。该桥于2006年7月开工建设，2011年1月正式投入使用，是京沪高速铁路的控制性工程之一，也是世界上设计荷载最大的高速铁路桥（世界首座六线铁路大桥）。荣获2012年度国际桥梁大会"乔治·理查德森奖"、2015年度"国际桥协杰出结构工程奖"。

■ 图2-2-14 南京大胜关长江大桥

(二)钢箱拱桥

上海卢浦大桥(图2-2-15)为主跨550 m的中承式钢箱拱桥,2000年10月开工建设,2003年6月建成通车,是世界上首座完全采用焊接工艺连接的大型拱桥。该桥荣获2004年度"中国建筑工程鲁班奖"、2008年度国际桥梁与结构工程协会"杰出结构工程奖"。

■ 图2-2-15　上海卢浦大桥

成贵铁路金沙江特大桥(图2-2-16)为主跨336 m的钢箱拱桥,搭载4线铁路和6车道公路,首次采用铁路桥面在上、公路桥面在下的桥梁建造模式,公路桥面距离铁路桥面达32 m。该桥是世界上最大跨度的公铁两用拱桥。

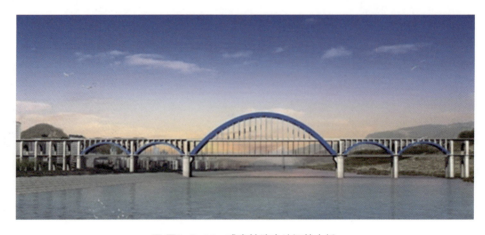

■ 图2-2-16　成贵铁路金沙江特大桥

(三) 钢管混凝土拱桥

钢管混凝土拱桥解决了拱桥高强度材料应用和施工两大难题，所以得到了迅速发展。钢管混凝土拱桥发展的时间虽然较短，但其跨度增大的速度一直很快。

贵州水柏铁路北盘江大桥（图2-2-17）为主跨236 m的上承式钢管混凝土拱桥，桥高280 m，2000年12月转体顺利完工，2001年11月建成通车。该桥是世界上第一座上承提篮式钢管混凝土铁路拱桥，也是世界上最大单铰转体重量的钢管混凝土拱桥。该桥荣获2003年度"中国建筑工程鲁班奖"、第四届"中国土木工程詹天佑奖"。

■ 图2-2-17 贵州水柏铁路北盘江大桥

四川巫山长江大桥（图2-2-18）为主跨460 m的中承式钢管混凝土拱桥，2001年12月正式动工，2005年1月建成通车。巫山长江大桥攻克了钢管拱肋制作、吊装和管内混凝土压注三大世界级施工技术难题。该桥是世界上最大跨度的钢管混凝土拱桥。

■ 图2-2-18 四川巫山长江大桥

重庆菜园坝长江大桥（图2-2-19）为主跨420 m的中承式钢管混凝土系杆拱桥，2003年12月正式动工，2007年10月建成通车，是目前国内最大的公共交通和城市轻轨两用拱桥。该桥是集钢管拱、钢箱梁、钢桁梁等各种新型桥梁结构形式和科技成果于一身的现代化桥梁，荣获第九届"中国土木工程詹天佑奖"。

图2-2-19　重庆菜园坝长江大桥

四、组合式拱桥

（一）桁式组合拱桥

桁式组合拱桥是我国20世纪80年代首创的一种新型桥型，具有较高的技术经济优越性，在我国西南山区应用较广泛。作为一种拱梁组合体系的新型桥梁，它的主要特点是在悬拼合拢后，它的上弦既不像一般桁架拱那样在桥墩顶部断开，又不像拱桁梁（桁式T构）那样在拱顶断开（或设挂梁），而是在墩顶和拱顶之间的适当位置断开，使上弦放松以调节各杆件的内力，从而使结构受力趋于均匀合理。这种桥型具有结构新颖独特、受力均匀合理、纵横向刚度大、施工简便、省工省料、易于推广等优点。

1980 至 1986 年,在贵州建成了 3 座桁式组合拱桥——长岩大桥、白果沱大桥、剑河大桥,跨度分别为 75 m、100 m 和 150 m。1995 年建成了世界上最大跨度的混凝土桁式组合拱桥——贵州江界河大桥(图 2-2-20)。该桥为主跨 330 m 的预应力混凝土桁式组合拱桥,其桥型为中国首创。

■ 图2-2-20 贵州江界河大桥

在江界河大桥成功建成并投入使用后,预应力混凝土桁式组合拱桥迅速在贵州省和国内其他省区市推广,许多地区修建了较多的预应力混凝土桁式组合拱桥。

(二)钢-混结合拱桥

钢-混结合拱桥一般指的是拱脚区段为钢筋混凝土拱圈、跨中部分为钢结构拱圈的拱桥。通常采用悬臂浇筑法施工拱脚混凝土区段,悬臂拼装法施工钢结构区段。这样可以有效减轻施工荷载,减小施工的难度,对于大跨度拱桥的施工具有广泛的适用性。最具代表性的桥梁为成贵铁路鸭池河特大桥(图 2-2-21)。该桥为主跨 436 m 的中承式钢-混结合拱桥,拱肋距水面高度为 270 m,是世界上最大跨度的钢-混结合拱桥,于 2019 年建成通车。

■ 图2-2-21 成贵铁路鸭池河特大桥

第三节 钢铁琴弦——斜拉桥

一、概述

（一）基本组成

斜拉桥又称斜张桥，源于悬索桥，是将主梁用许多拉索直接拉在桥塔上的一种桥梁。它是由承压的塔、受拉的索和承弯的主梁组合起来的一种结构体系（图 2-3-1）。它可看作是用拉索代替支墩的多跨弹性支承连续梁，拉索使梁体内弯矩减小，从而降低建筑高度，减轻结构重量，节省材料。

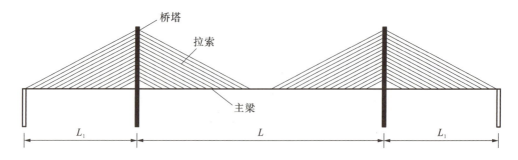

■ 图2-3-1 斜拉桥的组成

桥塔是斜拉桥最主要的受力部件,其造型也是景观设计的核心。斜拉桥的景观设计创意主要体现在塔的设计构思上,塔型(图2-3-2)的选择需结合结构自身的协调性,充分融合人文、自然元素,作为地标展现。斜拉桥主梁(图2-3-3)主要包括混凝土边主梁、混凝土箱梁、钢板结合梁、钢箱梁、钢桁梁等。斜拉索普遍采用平行钢丝索和钢绞线索(图2-3-4)。

■ 图2-3-2 斜拉桥的塔型

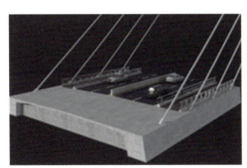

(a)混凝土边主梁

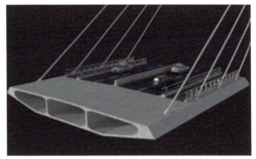

(b)混凝土箱梁

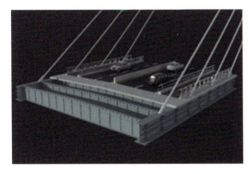

(c)钢板结合梁

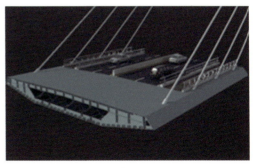

(d)钢箱梁

■ 图2-3-3 斜拉桥主梁类型

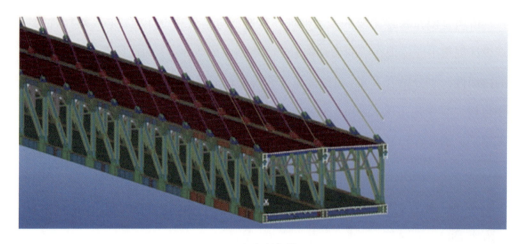

(e)钢桁梁

■ 续图2-3-3

(a)平行钢丝索

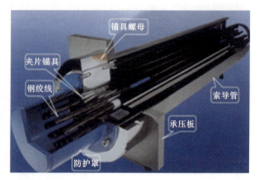

(b)钢绞线索

■ 图2-3-4 斜拉桥的斜拉索类型

作为一种拉索支撑体系桥梁,斜拉桥比梁桥、拱桥具有更大的跨越能力。在技术方案合理的跨度范围内,斜拉桥比悬索桥有更好的经济性,并兼具线条纤秀、构造简洁、桥型优美的特点。因此,尽管它的建造历史比悬索桥短,但发展极为迅速,短短几十年已在世界各地普及。

(二)总体发展历程

斜拉桥的发展大体经历了以下3个阶段。① 自20世纪50年代至60年代中期,其特征是拉索为稀索体系,梁体材料为钢材或混凝土,受力以承受弯曲为主。这一阶段建成的桥以瑞典的斯特伦松德桥(Stromsund Bridge,钢梁)和委内瑞拉的马拉开波湖桥（Maracaibo Lake Bridge，混凝土梁）为代表。② 自 20 世纪 60 年代后期开始，斜拉索逐步采用密索体系，如美国 P-K 桥（Pasco Kennewick Bridge）。采用密索体系的斜拉桥，其梁体以受压为主。③ 从 20 世纪 80 年代中期至今，斜拉桥的跨度一再增大，跨度纪录不断被打破，有的大跨度斜拉桥还没建成就有更大跨度的斜拉桥开建，呈现出你追我赶的态势。到 21 世纪初，公路斜拉桥的跨度突破千米，10 年后公铁两用斜拉桥的跨度突破千米。大跨度和超大跨度的斜拉桥的涌现是近 40 年中桥梁建设的主要特点。跨度的增加使得采用密索体系成为必然。公路市政斜拉桥的梁体呈现轻型化和多样化的特点；梁体结构出现了组合式、钢管混凝土主梁、结合梁等形式。承载铁路的大跨度和超大跨度的斜拉桥主梁多采用钢桁梁。法国的诺曼底桥（Normandy Bridge）主梁为组合式梁，两端为混凝土梁，中间采用钢主梁。加拿大的安纳西斯桥（Annacis Bridge）主梁为结合梁，"工"字形的钢梁上面为混凝土桥面板。广东南海紫洞大桥的主梁为填充混凝土的钢管梁。桥梁向轻型化方向发展的主要表现是梁高减小，梁体截面出现了肋板式和板式。如挪威海格兰德桥（Helgeland Bridge）的主梁为肋板式，希腊埃弗里布斯桥（Evripos Bridge）的主梁为板式，主跨 215 m，主梁高度仅为 0.45 m。

组成的基本构件外观不同，斜拉桥因而演变出丰富多彩的类型：按梁体结构分有钢斜拉桥、混凝土斜拉桥、叠合梁斜拉桥、混合式斜拉桥；按斜拉索的特征分有单索面、双索面和多索面斜拉桥；按斜拉索的疏密可分为稀索体系和密索体系斜拉桥；按塔的特征分有独塔斜拉桥、两塔斜拉桥、多塔斜拉桥。下文将按照塔的特征分类来进行说明。

二、独塔斜拉桥

独塔斜拉桥在斜拉桥中占有一定的比重，其主跨较双塔斜拉桥的主跨要小一些，较适宜在中小河流上建造；若能与周围环境有机融合，则造型更显优美。

1959年，德国科隆建成了世界上第一座独塔式的塞弗林桥（Severin Bridge，图2-3-5），主跨302 m，是最早的A形独塔斜拉桥。其造型简洁优美，与科隆大教堂遥相辉映，被国际桥梁与结构工程协会授予"20世纪世界最美的桥梁"称号。

■ 图2-3-5　德国塞弗林桥

独塔斜拉桥的塔柱一般为直线形，但为了寻求景观效果，也有折线形和弧线形。如荷兰鹿特丹桥（Rotterdam Bridge，图2-3-6），塔柱即为折线形。该桥又称伊拉斯谟斯大桥（Erasmus Bridge），1990年开建，1996年建成。大桥单臂高达139 m，桥身长达802 m，是荷兰最高的桥，以"天鹅大桥"的美称闻名于世。

■ 图2-3-6　荷兰鹿特丹桥

第二章　桥梁的结构类型

有的独塔斜拉桥取消了边跨一侧的拉索，形成只有一半索面的斜拉桥，即无背索斜拉桥。从受力的角度看，这种类型的独塔斜拉桥，索塔向边跨倾斜更为合理，可以利用塔身的重量来平衡索的拉力。较为著名的桥梁是1992年建成的西班牙阿拉米略桥（Alamillo Bridge，图2-3-7）。该桥主跨200 m，跨越塞维利亚阿方索十三世运河，1989年开工，1992年建成通车，是世界上最早的无背索斜拉桥。

图2-3-7　西班牙阿拉米略桥

三、双塔斜拉桥

（一）跨江公路斜拉桥

20世纪90年代初，我国在总结国外桥梁经验教训的基础上建成了上海南浦大桥，开创了我国修建400 m以上大跨度斜拉桥的先河。随着斜拉桥建造技术的逐渐成熟和施工经验的日趋丰富，斜拉桥的跨度纪录不断被刷新。其中，较为著名的桥梁有武汉长江二桥、汕头礐石大桥和苏通长江公路大桥等。

走近桥梁

上海南浦大桥（图2-3-8），主跨423 m的结合梁斜拉桥，于1988年12月开工，1991年12月建成通车。该桥的顺利通车为后来建造杨浦大桥、徐浦大桥和奉浦大桥打下了良好的基础。该桥是我国第一座结合梁斜拉桥。

■ 图2-3-8　上海南浦大桥

武汉长江二桥（图2-3-9），主跨400 m的预应力混凝土梁斜拉桥，于1991年5月开始兴建，1995年6月通车，为长江上第一座特大型预应力混凝土斜拉桥。该桥浩大的深水基础以及施工所采用的大型钢围堰、基础钻孔桩直径、钻入砾岩层深度，均创下全国之最，多项主要技术指标在20世纪90年代达到国际先进水平。该桥荣获1997年度"中国建筑工程鲁班奖"、1997年度"国家科学技术进步奖一等奖"。

■ 图2-3-9　武汉长江二桥

汕头礐石大桥（图2-3-10），主跨518 m的混合梁斜拉桥，于1995年4月开工，1999年2月建成通车。其主跨采用钢箱梁，边跨采用预应力混凝土箱梁，是我国第一座混合梁斜拉桥。

■ 图2-3-10　汕头礐石大桥

苏通长江公路大桥（图2-3-11），主跨1088 m的钢箱梁斜拉桥，世界上首座突破千米的大跨度斜拉桥，目前是世界上第二大跨度的公路斜拉桥。该桥于2003年6月开工建设，2008年6月建成通车，建成时是我国建桥史上工程规模最

■ 图2-3-11　苏通长江公路大桥

大、综合建设条件最复杂的特大型公路桥梁工程。该桥在国际上首创千米级斜拉桥结构体系技术、新型结构及特殊设计方法，大型深水群桩基础施工控制技术，千米级斜拉桥塔梁索施工控制技术。荣获 2008 年度国际桥梁大会"乔治·理查德森奖"、2010 年度美国土木工程师协会"杰出工程成就奖"、2010—2011 年度"中国建设工程鲁班奖"、2010 年度"国家科学技术进步奖一等奖"。

(二) 跨江高铁斜拉桥

对于基础工程复杂、墩台造价较高的大桥或特大桥，以及靠近城市、铁路公路均较稠密而需建造铁路桥和公路桥以连接线路的情况，为了降低造价和缩短工期，可考虑造公路、铁路同时共用的桥（也称"公铁两用桥"），而采用斜拉桥桥型的，便称之为"公铁两用斜拉桥"。我国第一座公铁两用斜拉桥是 2000 年建成的芜湖公铁两用长江大桥。该桥主跨 312 m，受净空的限制，主塔设计得很低，承载的虽不是高速铁路荷载，却是中国重载桥梁跨度发展的一个里程碑，是新中国桥梁建设事业的第四座里程碑。

20 世纪，中国新建铁路桥梁设计运行速度一直不超过 160 km/h，直到 1998 年秦沈客运专线开工建设，其最高设计运行速度提高到 250 km/h，这是中国建设更高速度铁路的第一次尝试。

21 世纪初，以京沪高铁和武广客运专线开工建设为标志，中国开始了大规模的高速铁路建设，最高设计运行速度达到 350 km/h。随着中国高速铁路的迅速发展，我国建设了大量跨越长江的大跨度高速铁路斜拉桥。为了节省桥位资源，大多采用公铁两用合建的方式建造，如京广高铁线上的武汉天兴洲长江大桥、武黄城际铁路线上的黄冈长江大桥、合福铁路线上的铜陵长江公铁大桥、沪通铁路线上的沪通长江大桥、锡常泰都市圈城际铁路线上的常泰长江大桥。

武汉天兴洲长江大桥（图 2-3-12）为主跨 504 m 的钢桁梁斜拉桥，承载 4 线铁路和 6 车道高速公路。该桥于 2004 年 9 月开工，2009 年 12 月建成通车，在世界同类桥梁建设中创造了"跨度、速度、荷载、宽度"四项世界第一。首创的三索面三主桁斜拉桥技术、铁路钢桁梁桥双层整体桥面技术,实现了我国大跨度铁路钢桥从传统的明桥面向整体式桥面、从单一的两片桁向多片桁、从散拼架设到整体制造架设的技术升级。该桥是新中国桥梁建设事业的第五座里程碑,荣获2010年度国际桥梁大会"乔治·理查德森奖"、2013年度"菲迪克(FIDIC)百年重大土木工程项目优秀奖"、2013年度"国家科学技术进步奖一等奖"。

■ 图2-3-12 武汉天兴洲长江大桥

黄冈长江大桥(图2-3-13)为主跨567 m的钢桁梁斜拉桥,承载2线高速铁路和4车道高速公路。该桥于2010年2月开工,2014年6月建成通车。该桥的主桁杆件倾斜度、斜拉索破断力和抗压抗拉支座均居世界已建成桥梁前列。

■ 图2-3-13 黄冈长江大桥

铜陵长江公铁大桥（图2-3-14）为主跨630 m的钢桁梁斜拉桥，承载4线高速铁路和6车道高速公路。该桥于2010年4月开工，2015年6月建成通车。该桥的深水大型沉井基础施工、大跨度桥梁无碴轨道施工、钢梁桁片式制造架设技术处于世界领先水平。

图2-3-14　铜陵长江公铁大桥

沪通长江大桥（图2-3-15）为主跨1092 m的钢桁梁斜拉桥，承载4线高速铁路和6车道高速公路。该桥于2014年3月开工，2020年7月建成通车，是世界上首座跨度超千米的公铁两用斜拉桥。该桥的工程规模和施工难度创造了中国桥梁和世界桥梁建设的多个纪录，代表了当前中国乃至世界桥梁建设的最高水平。

图2-3-15　沪通长江大桥

常泰长江大桥（图 2-3-16）是长江上首座高速公路、城际铁路、一级公路"三位一体"的过江通道，于 2019 年 1 月开工，工期预计为 5 年半。常泰长江大桥位于泰州大桥与江阴大桥中间，跨江连接常州与泰兴两市。主航道桥采用主跨 1176 m 的钢桁梁斜拉桥，刷新了公铁两用斜拉桥的世界纪录。两侧连接天星洲和录安洲的两座 388 m 跨度的拱桥也将成为世界上最大跨度的公铁两用钢桁梁拱桥。

图2-3-16　常泰长江大桥（效果图）

（三）跨海斜拉桥

我国海洋面积广阔，跨海桥梁工程是交通基础设施的咽喉要道和关键节点，对推动国家海洋强国、交通强国战略，"一带一路"倡议，以及促进社会进步具有举足轻重的作用。目前，我国桥梁工程不断从内陆向近海延伸，东海大桥、杭州湾跨海大桥、港珠澳大桥、平潭海峡公铁大桥等跨海桥梁相继建成。我国近海桥梁建造技术取得了举世瞩目的成就，创造了世界建桥史上的一个又一个奇迹。

东海大桥（图 2-3-17）位于杭州湾口、黄海和东海的交界处，全长 32.5 km，主航道桥为跨度 420 m 的钢箱结合梁斜拉桥。该桥于 2002 年 6 月开工，2005 年 5 月建成，是我国第一座跨海大桥。它的建成为后来杭州湾跨海大桥、港珠澳大桥等其他海洋桥梁工程建设提供了宝贵的经验。该桥首创了主梁工厂预制、大节段整体吊装技术，研发了 2500 t 大型浮吊；研制了海上高性能混凝土，实行了多种防腐措施，提高了混凝土结构的耐久性；采用 GPS（全球定位系统）定位技术建造了大型耐风浪的施工平台。该桥荣获 2006 年度"中国建筑工程鲁班奖"、2007 年度"国家科学技术进步奖一等奖"。

■ 图2-3-17 东海大桥

杭州湾跨海大桥（图2-3-18）位于杭州湾内，全长36 km，北通航孔为主跨448 m的钢箱梁斜拉桥。该桥于2003年6月开工，2008年5月建成通车。该桥首创大型箱梁的整体预制和防裂技术；首创重型箱梁的陆上移运技术；首创海上重型运架专用设备的研制技术；首次采用大范围风障技术以改善高桥面行车风环境；较为系统地解决了潮差大、流速大、波浪高、冲刷深、软弱地基等恶劣海洋环境建桥问题。该桥荣获2011年度"中国建设工程鲁班奖"、2012年度"国家科学技术进步奖二等奖"。

■ 图2-3-18 杭州湾跨海大桥

港珠澳大桥（图2-3-19）位于珠江口的伶仃洋，东起香港国际机场附近的香港口岸人工岛，向西横跨伶仃洋海域后连接珠海和澳门人工岛，止于珠海洪湾，全长约55 km。港珠澳大桥分别由三座通航桥（青州航道桥、江海直达船航道桥、九洲航道桥）、一条海底隧道、四座人工岛及连接桥隧、深浅水区非通航孔连续梁式桥和港珠澳三地陆路联络线组成。该桥于2009年12月开工建设，2018年10月建成通车。大桥主体工程采用桥隧组合方式，全长约29.6 km，海底隧道长6.7 km。港珠澳大桥是目前世界上最长的跨海大桥，同时也是中国建设史上里程最长、投资最多、施工难度最大的跨海桥梁项目。

（a）港珠澳大桥航拍图

（b）青州航道桥

图2-3-19　港珠澳大桥

(c)江海直达船航道桥

(d)九洲航道桥

■ 续图2-3-19

青州航道桥为主跨458 m的双塔双索面钢箱梁斜拉桥，塔顶结型撑吸收"中国结"的文化元素，将最初的直角、直线造型"曲线化"，使桥塔显得纤巧灵动、精致优雅。江海直达船航道桥为主跨2×258 m的单索面三塔钢箱梁斜拉桥，主塔塔冠造型取自"白海豚"元素，与海豚保护区的海洋文化相结合。九洲航道桥为主跨298 m的双塔单索面钢混组合梁斜拉桥，主塔造型源自"风帆"，寓意"扬帆起航"，与江海直达船航道桥塔身形成序列化造型效果，桥塔整体造型优美，具有强烈的地标意味。

平潭海峡公铁大桥（图2-3-20）起于福州市长乐区松下镇，全长16.34 km，经过四座岛屿后到达平潭岛。其中通航孔桥有三座（元洪航道桥、鼓屿门水道桥和大小练岛水道桥），最大主跨为532 m，均为双塔双索面钢桁梁斜拉桥。承载2线I级铁路和6车道高速公路。2013年11月动工建设，2020年12月正式通车运营。该桥首次采用直径4.5 m一次成孔钻孔桩；首次采用整孔全焊、整孔架设钢桁梁；钢桁梁的铁路桥面首次采用预制预应力混凝土槽形梁；研发了3600 t运架一体的桥梁用大型浮吊"海鸥号"。该桥是世界上第一座真正意义上的公铁两用跨海大桥。

■ 图2-3-20　平潭海峡公铁大桥

四、多塔斜拉桥

我国河流众多，海峡水域宽阔，航运繁忙，桥梁建设须考虑维护黄金水道的可持续发展。多塔缆索承重桥梁（多塔斜拉桥和多塔悬索桥）都可提供连续多孔大跨，将上行、下行航道分孔布置，具有显著的经济优势。我国在多塔斜拉桥、多塔悬索桥建造技术方面已有显著进展（下一节将详细介绍多塔悬索桥）。

多塔斜拉桥是指三塔及三塔以上的斜拉桥。与常规的双塔斜拉桥相比，多塔斜拉桥在形式和力学行为上均有所不同。在形式上，多塔斜拉桥具有塔多、联长的布置形式特点。在力学行为上，一方面多塔斜拉桥的中间塔两侧没有辅助墩和边锚索，缺少了对中间桥塔变位和主梁挠度的有效约束，导致在活载作用下多塔斜拉桥塔底弯矩影响线幅度和范围较大；另一方面，随着主梁长度的增加，温度对结构的影响也会相应增大。因此，多塔斜拉桥的塔底内力、主梁挠度和拉索疲劳应力幅比常规斜拉桥要大得多。

目前国内外修建的多塔斜拉桥多为三塔形式，如委内瑞拉的马拉开波湖桥、香港汀九桥、岳阳洞庭湖大桥、宜昌夷陵长江大桥和武汉二七长江大桥等；四塔斜拉桥中，希腊里翁-安蒂里翁桥（Rion-Antirion Bridge）最具特色，特别是其采用的金字塔式桥塔，堪称刚性塔设计的典型。位于钱塘江上的嘉绍大桥为降低涌潮的影响，采用六塔单桩独柱式结构形式，全长 10.1 km，正桥全长 2680 m，为世界上最长的多塔斜拉桥。

马拉开波湖桥（图 2-3-21）位于委内瑞拉的马拉开波湖，正桥布置为 6 塔 5 跨斜拉桥，主跨 235 m，斜拉索外包混凝土，主梁为预应力混凝土结构。该桥于 1957 年开工建设，1962 年 8 月建成通车，是世界上第一座多塔斜拉桥。

■ 图2-3-21　委内瑞拉马拉开波湖桥

香港汀九桥（图 2-3-22），跨越蓝巴勒海峡，将汀九和青衣岛连接起来。桥跨布置为（127 + 448 + 475 + 127）m，为独柱型三塔结合梁斜拉桥，1994 年

8月开工,1998年建成通车。20世纪末,国际桥梁与结构工程协会授予其"20世纪世界最美的桥梁"称号。

▄ 图2-3-22　香港汀九桥

岳阳洞庭湖大桥(图2-3-23),跨度布置为(130＋310＋310＋130)m,是不等高三塔双斜索面预应力混凝土斜拉桥,1996年12月开工,2000年12月建成通车。该桥是我国内陆第一座三塔双索面斜拉桥,荣获2003年度"国家科学技术进步奖二等奖"、第五届"中国土木工程詹天佑奖"。

▄ 图2-3-23　岳阳洞庭湖大桥

宜昌夷陵长江大桥（图2-3-24），跨度布置为（120＋2×348＋120）m，1998年11月开工，2001年底建成通车。该桥荣获2002年度"中国建筑工程鲁班奖"、第四届"中国土木工程詹天佑奖"。

■ 图2-3-24　宜昌夷陵长江大桥

■ 图2-3-25　武汉二七长江大桥

武汉二七长江大桥（图2-3-25），全长6507 m，主跨2×616 m，是世界上最大跨度的三塔结合梁斜拉桥。该桥于2008年8月动工建设，2011年12月通车。桥型之所以选择三塔斜拉桥，主要是因为它线形流畅、造型优美，斜拉索像是一把展开的巨伞，高耸的三塔寓意着武汉"三镇"。该桥是武汉长江上的第一座三塔桥梁，丰富了武汉的桥文化。

希腊里翁‒安蒂里翁大桥（图2-3-26），跨越科林斯海湾，跨径组成为（286+3×560+286）m，

1998年开工,2004年建成通车。为克服"位于地壳运动的强地震带,跨越深水的海峡和厚沉积土"的极大挑战,该桥设计中采用了全漂浮四塔斜拉桥,基础采用了在加固地基上铺设卵石垫层的沉箱基础避免大的水平位移,在施工中采用了大型浮吊安装上塔柱和主梁,在船坞中预制和浮运沉箱基础等海上作业的方法。2007年,该桥被国际桥梁与结构工程协会授予"杰出结构工程奖"。

■ 图2-3-26 希腊里翁–安蒂里翁大桥

钱塘江嘉绍大桥(图2-3-27),跨越钱塘江河口,主航道桥跨径布置为(70+200+5×428+200+70)m,是单索面六塔斜拉桥,于2008年12月动工建设,2013年7月建成通车。该桥获得2016年度国际桥梁大会(IBC)"古斯塔夫·林登少奖"、国际道路联盟(IRF)"全球道路成就奖"以及2017年度"菲迪克(FIDIC)特别优秀奖"。

■ 图2-3-27 钱塘江嘉绍大桥

第四节 铁索吊桥——悬索桥

一、概述

(一) 基本组成

悬索桥又名吊桥,是指受拉主缆为主要承重构件的桥梁结构,主要由锚碇、桥塔、缆索系统、加劲梁及附属结构五大部分组成。由于主要受力构件是受拉行为,没有失稳的问题,故悬索桥的跨度是所有桥型中最大的。悬索桥也是超大跨度桥梁的首选。

缆索系统包括主缆、吊索、主索鞍、散索鞍(索鞍套)、索夹等构件。附属结构包括锚碇、桥塔、加劲梁的附属工程。悬索桥的主缆、锚碇和桥塔是主要的承力结构,吊索和加劲梁的作用是将作用在其上的荷载传递到主缆。

悬索桥基本组成构件如图2-4-1所示。

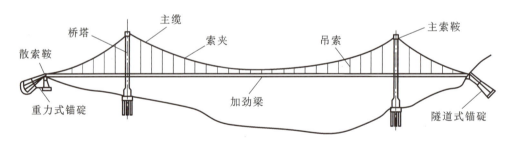

图2-4-1 悬索桥基本组成构件

(二) 主缆

主缆为悬索桥的主要承力构件之一,超大跨度的悬索桥主缆可承受数十万千牛的强大拉力,如此大的拉力稳固结实地锚固于大地之中,就能够支承起整个加劲梁。武汉杨泗港长江大桥每根主缆直径长达1 m,内存拉力 6.37×10^5 kN。因主缆承受拉力大且重要,故又被称为"大缆"(图2-4-2)。

（a）主缆实景图　　　　　（b）主缆细节图　　　　（c）主缆束股混编图示

■ 图2-4-2　杨泗港长江大桥的主缆

由图 2-4-1 可知，通常主缆从锚固于大地中的锚碇起，一路爬升至主塔顶后开始转向，边向跨中延伸边下降，到跨中最低点后开始爬升至另一主塔顶，转向后下降锚固于另一个锚碇，将力传入大地。主缆中的力就是沿着这条路径传递。永存于主缆中的强大拉力是悬索桥的根本所在，可以说，"力在桥存，力失桥毁"。因为主缆非常重要，所以一般都选用先进的高强材料来做主缆。现代悬索桥的主缆有钢丝绳主缆和平行钢丝主缆两种形式。钢丝绳主缆一般用于中、小跨度的悬索桥，它又可分为钢绞线绳、螺旋钢丝绳和封闭式钢绞线索。平行钢丝主缆主要用于主跨跨度在 500 m 以上的大跨度悬索桥，根据制作方法可分为空中纺线法（AS法）平行索股主缆和预制平行索股法（PPWS法）平行索股主缆两种。杨泗港长江大桥的主缆直径 1088 mm，由 271 股钢束组成，每股由 91 根直径 6.2 mm 的镀锌铝合金的高强度钢丝组成，其强度高达 1960 MPa，比之前的 1860 MPa 又提升了 100 MPa。主缆材料的研究一直在进步，不久之后将有 2000 MPa 和 2060 MPa 的材料进入应用和研究。相信随着材料的大幅进步，悬索桥的跨度将不断增加。

（三）锚碇

锚碇是主缆"生根"的地方，其作用是固定主缆，将其中的力传递给大地，因此，锚碇的重要性不言而喻。锚碇靠什么来稳稳拽住主缆呢？有的是靠自重，有的是靠在岩石中"生根"。桥梁专业中，悬索桥锚碇可分为两种类型：通过设置基础或直接把锚体设置在地基上，完全靠自重或以自重为主来平衡主缆拉力的锚碇称为重力式锚碇；在山体开挖隧洞，将锚体设置于隧道中，与岩体形成整体抵抗主缆拉力的锚碇称为隧道式锚碇。锚碇类型示意图及实景图见图2-4-3。

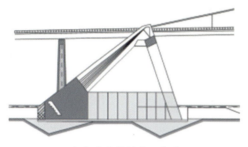

（a）重力式锚碇示意图

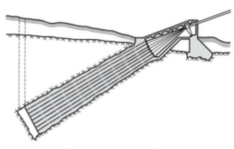

（b）隧道式锚碇示意图

（c）重力式锚碇实景图

（d）隧道式锚碇实景图

■ 图2-4-3　锚碇类型示意图及实景图

主缆承载的力非常大，如何将其和锚碇连接是一个问题。直径1 m的主缆是无法直接锚固的，目前还没有这样的技术和设备能够做到这一点。通常的做法是将主缆分散开来逐根锚固，通过化整为零，每根束股的力就小了，可以很轻松地将主缆锚固（图2-4-4）。

■ 图2-4-4　主缆分散锚固实景图

(四)桥塔

悬索桥的桥塔按材料可分为钢筋混凝土桥塔、钢桥塔及钢-混组合桥塔。国外大跨度悬索桥多采用钢桥塔,钢桥塔的主要优点是施工速度快、质量容易保证、抗震性能好。我国修建的大跨度悬索桥基本采用钢筋混凝土桥塔,只有泰州长江大桥、马鞍山长江大桥和武汉鹦鹉洲长江大桥这三座三塔悬索桥的中塔采用了钢结构。钢筋混凝土桥塔的优点是用钢量少、成本低、易维护。悬索桥的主塔与斜拉桥的主塔在外形上有所不同,悬索桥多以双柱式为主,也有三柱式,主缆在塔顶分开设置,如著名的金门大桥和布鲁克林大桥。也有一些悬索桥的主缆在塔顶合并设置,如韩国的永宗桥。这类悬索桥一般是正统悬索桥的一个分支,其主缆不是锚固于大地,而是锚固在主梁,称为自锚式悬索桥,一般此类桥梁的跨度不大。当然还有无塔的悬索桥,如著名的泸定桥,直接锚固于岸边的山体,无塔,主缆无须转向传力。典型桥塔样式及无桥塔悬索桥如图 2-4-5 所示。

(a)金门大桥

(b)布鲁克林大桥

(c)永宗桥

(d)泸定桥

■ 图2-4-5 典型桥塔样式及无桥塔悬索桥

（五）吊索

吊索是连接主缆和加劲梁的构件，一般采用平行钢丝束或钢丝绳制作，通过索夹将加劲梁悬挂于主缆上。吊索顺桥向一般有竖直和斜向两种布置形式。由于斜向布置吊索的应力变化幅度远大于竖直向布置的，其疲劳强度大幅度降低，因此目前基本已不再采用斜向布置吊索形式。吊索与主缆的连接方式可分为骑跨式和销接式。吊索与加劲梁的连接方式以传力直接可靠、方便检修和不易积水为原则，常见的有锚头承压式和销接式，如图2-4-6所示。

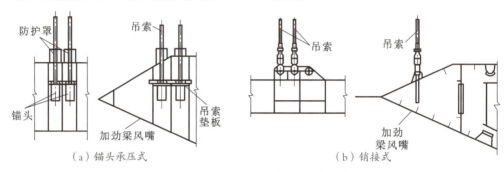

■ 图2-4-6　吊索与加劲梁的连接方式

（六）索夹

索夹是紧箍主缆索股并连接主缆与吊索的构件。采用具有一定刚性的索夹将主缆箍紧，可以使主缆在受拉产生收缩变形时也不会滑动。索夹可分为有吊索索夹和无吊索索夹。有吊索索夹可分为骑跨式和销接式，如图2-4-7所示。

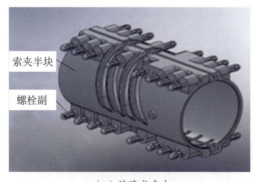

（a）骑跨式索夹

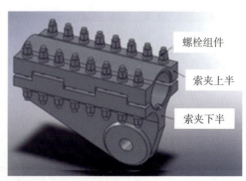

（b）销接式索夹

■ 图2-4-7　有吊索索夹结构

（七）鞍座

鞍座是悬索桥的重要构件之一，位于主塔的塔顶，主缆在此处转向，主缆内的拉力在此处发生大的转向，如此才能承受主梁的重量。它是为主缆提供支承并使其线形平顺地改变方向的永久性受力构件。根据采用材料及成型方法的不同，鞍座可设计为全铸式、铸焊组合式及全焊式；根据传力方式的不同，鞍座可设计为肋传力结构或外壳传力结构。

鞍座按所在位置及功能可分为主索鞍（图2-4-8）、散索鞍、副索鞍和散索套。悬索桥通过鞍座向桥塔、过渡墩和散索鞍支墩传递主缆的径向压力，鞍座内的承缆槽弧形面使主缆达到平顺过渡的目的，并形成悬索桥特有的简洁、柔韧而优美的主缆线形。根据吊装需要，鞍座可设计为整体式或分体式。

（a）位于塔顶的主索鞍　　　（b）主索鞍正面　　　（c）主索鞍侧面

■ 图2-4-8　主索鞍结构形式

散索鞍（图2-4-9）位于悬索桥主缆进入锚碇前的位置，如图2-4-9（a）中圆圈所示的位置。散索鞍是悬索桥的又一重要构件，其作用是为主缆锚固进行准备和过渡。其一，主缆在此处有一个小角度的转向，使主缆顺利进入锚碇。其二，将整根主缆分散成若干小的束股便于进行锚固。散索鞍也有数种类型。图2-4-9（b）所示为摆轴式散索鞍构件的全部组成部分。图2-4-9（c）所示散索鞍为喇叭形，一头大一头小，起到将主缆分开的作用。图2-4-9（d）所示为安装中的散索鞍。

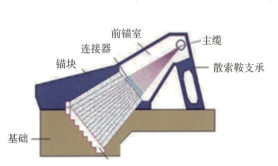
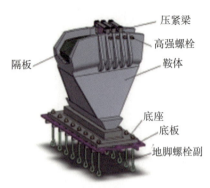

（a）散索鞍所处的位置　　　　　　（b）摆轴式散索鞍

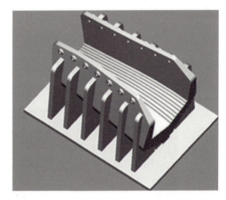

（c）喇叭形散索鞍　　　　　　（d）安装中的散索鞍

图2-4-9　散索鞍

（八）加劲梁

悬索桥的梁称为加劲梁，斜拉桥的梁称为主梁，一"加"一"主"显示所起的作用不同。"加"有附加和辅助之意，"主"为主要和重要之意。悬索桥的加劲梁在自重作用下所受的力很小，它主要承受的是汽车、火车等活荷载产生的力，是为加劲；斜拉桥的主梁在自重作用下承受了很大的压力，因此称为主梁。

尽管加劲梁和主梁的作用不同，但是其形式没有太明显的差异。加劲梁按结构形式也可分为钢板梁、钢箱梁、钢桁梁、钢与混凝土结合梁、钢筋混凝土箱梁以及混凝土板梁等。自美国塔科马海峡大桥风毁后，大跨度悬索桥加劲梁的设计一般采用阻风面积小的钢桁梁形式，只有在小跨度悬索桥的设计中才会采用钢板梁、钢箱梁及钢筋混凝土箱梁等形式。1966年，英国首次在塞文桥中采用流线型扁平钢箱梁作为加劲梁,才改变了大跨度悬索桥加劲梁形式单一的情况,使加劲梁的构造形式多样化。塔科马海峡大桥于 1940 年 7 月建成通车,4 个月后毁于一场并不太大的风(图 2-4-10),当时的风速约为 19 m/s。该事故推动了桥梁抗风的研究及应用,大跨度和超大跨度桥梁的抗风设计变得至关重要。风也是制约桥梁跨度发展的重要因素,为了克服风致振动的问题,往往会在设计中采取若干抑振措施。

■ 图 2-4-10　塔科马海峡大桥风毁

二、独塔悬索桥

悬索桥跨越能力强,双塔悬索桥的结构形式最为常见。当遇到一些特殊地形,如河中有沙洲时可因地制宜选用独塔悬索桥。独塔悬索桥以中等跨度为主,按结构形式分为自锚式悬索桥和地锚式悬索桥。独塔悬索桥结构造型优美,在城市桥梁设计中有一定优势。我国已建成多座独塔悬索桥,这些桥梁大多为自锚式,如佛山平胜大桥、广州猎德大桥、南京夹江大桥等。

佛山平胜大桥(图 2-4-11)为主跨 350 m 的钢箱梁悬索桥,于 2004 年 2 月开建,2006 年 11 月建成通车,是世界上跨度最大的独塔四索面自锚式悬索桥,施工顶推最大跨度达 78 m,创造了国内顶推法施工的纪录。

■ 图2-4-11 佛山平胜大桥

广州猎德大桥（图2-4-12）为主跨219 m的钢箱梁悬索桥，于2005年6月动工建设，2010年9月竣工通车，是独塔空间索面自锚式悬索桥。该桥大量采用曲线元素设计，贝壳形索塔外形的寓意为"珠江之贝、孕育明珠"。

■ 图2-4-12 广州猎德大桥

南京夹江大桥（图2-4-13）为主跨248 m的钢箱梁悬索桥，于2005年3月开工，2008年底建成，为独柱塔空间索面自锚式悬索桥。

第二章 桥梁的结构类型

■ 图2-4-13 南京夹江大桥

三、双塔悬索桥

悬索桥的历史非常古老，几千年前的人类就展现了自己的智慧，将藤、竹等在森林中常见的材料用于制作悬索桥。但第一座真正意义上的悬索桥诞生于1741年，该桥位于英国，跨度只有21.34 m，为一座铁链悬索桥。1883年，布鲁克林大桥（图2-4-14）在美国纽约建成，为现代悬索桥的发展拉开了序幕。

■ 图2-4-14 布鲁克林大桥

走近桥梁

布鲁克林大桥横跨纽约东河，连接布鲁克林区和曼哈顿岛，于 1883 年 5 月交付使用。大桥主跨长达 486 m，全长 1834 m，是当年世界上最长的悬索桥，也是世界上首次以钢材建造的大桥，被誉为工业革命时期全世界七个划时代的建筑工程奇迹之一。

自那之后，无论是在结构跨度、建设规模还是建桥材料方面，悬索桥的各项技术都得到了空前的发展。进入 20 世纪后，现代悬索桥的发展模式开始改变，不断在这几个方面发展创新，即如何降低主梁的高度、增强钢材的强度以及加大主跨跨度等。这一时期悬索桥的发展大致分为三个阶段：一是以美国为中心的发展阶段（20 世纪 30 年代至 60 年代），最著名的代表性桥梁是美国金门大桥；二是以欧洲为中心的发展阶段（20 世纪 60 年代至 80 年代），最著名的代表性桥梁是英国塞文桥（Severn Bridge）；三是以日本为中心的发展阶段（20 世纪 80 年代至 90 年代），最著名的代表性桥梁是明石海峡大桥（Akashi Kaikyo Bridge）。

金门大桥（图 2-4-15），跨越美国加利福尼亚州旧金山金门海峡，为主跨 1280 m 的钢桁梁悬索桥。该桥于 1933 年 1 月始建，1937 年 5 月建成通车。因其新颖的结构和超凡脱俗的外观，被国际桥梁工程界认为是美的典范，也是世界上最上镜的大桥之一。

■ 图 2-4-15　金门大桥

1966年建成的塞文桥（图2-4-16）跨越了英国威尔士最长的河流塞文河，其主跨为988 m，加劲梁采用钢箱梁。该桥是世界上第一座流线型正交异性板钢箱梁悬索桥。

■ 图2-4-16　塞文桥

明石海峡大桥（图2-4-17）跨越日本本州岛与四国岛之间的明石海峡，其主跨为1991 m，加劲梁为钢桁梁。该桥于1988年5月动工，1998年4月通车。明石海峡大桥首次采用1800 MPa级超高强钢丝，是世界上第一座用顶推法施工的跨海峡悬索桥，实现了日本人一直想修建数座桥梁把4个大岛连在一起的愿望，创造了20世纪世界建桥史的纪录。

目前，国外备受关注的大跨度悬索桥是意大利墨西拿海峡大桥（图2-4-18），该桥连接意大利亚平宁半岛与西西里岛。大桥设计为主跨3300 m的公铁两用悬索桥。为取得良好的空气动力特性，主梁采用3箱流线型截面，其中2箱供机动车通行，1箱供火车通行。大桥通行采用双线铁路、6车道公路，设计已完成，目前处于待建状态。

■ 图2-4-17　明石海峡大桥

■ 图2-4-18　墨西拿海峡大桥（效果图）

从20世纪末至今，我国双塔悬索桥的发展达到了前所未有的高度。广东汕头海湾大桥、湖北西陵长江大桥、香港青马大桥、舟山连岛工程西堠门大桥、武汉杨泗港长江大桥、五峰山长江大桥等桥梁的建设，标志着中国正由桥梁大国向桥梁强国迈进，悬索桥的设计与施工技术已处于世界先进水平。

广东汕头海湾大桥（图2-4-19），加劲梁采用预应力混凝土梁的结构形式，是一座主跨452 m的大跨度悬索桥，开创了中国近现代悬索桥的先河，于1992年3月动工兴建，1995年12月建成通车。

第二章 桥梁的结构类型

■ 图2-4-19 广东汕头海湾大桥

湖北西陵长江大桥（图2-4-20）为主跨900 m的钢箱梁悬索桥，于1993年12月开工，1996年8月竣工通车。该桥是我国首次采用自主设计制造的全焊接钢箱加劲梁悬索桥，荣获1998年度"中国建筑工程鲁班奖"。

■ 图2-4-20 湖北西陵长江大桥

香港青马大桥（图2-4-21）为主跨1377 m的钢箱梁悬索桥，于1992年5月开始兴建，1997年竣工通车。加劲梁采用带有通气空格的流线型箱形梁，是我国首座千米级公铁两用悬索桥。该桥荣获1999年美国建筑界"二十世纪十大建筑成就奖"。

■ 图2-4-21　香港青马大桥

舟山西堠门大桥（图2-4-22），主跨1650 m，加劲梁采用有利于抗风的分体式钢箱梁，开创了中国在台风区海面建造特大跨度钢箱梁悬索桥的实践先例。该桥于2005年5月开工，2009年12月建成通车。该桥是舟山连岛工程五座跨海大桥中技术要求最高的跨海桥梁，也是世界上首座分体式钢箱梁悬索桥，荣获2010度年国际桥梁大会"古斯塔夫·林登少奖"。

■ 图2-4-22　舟山西堠门大桥

武汉杨泗港长江大桥（图2-4-23），主跨1700 m，是世界上工程规模最大的双层公路悬索桥。该桥于2014年12月开工建设，2019年10月通车。

第二章　桥梁的结构类型

■ 图2-4-23　武汉杨泗港长江大桥

五峰山长江大桥（图2-4-24）为公铁两用悬索桥，主跨1092 m，加劲梁采用钢桁梁，上层通行8车道高速公路，下层通行4线客运专线。该桥于2015年10月开工建设，2020年12月建成通车。该桥是世界上跨度最大的公铁两用钢桁梁悬索桥，也是世界首座高速铁路悬索桥。

■ 图2-4-24　五峰山长江大桥

四、多塔悬索桥

多塔悬索桥是指三塔及三塔以上的悬索桥。以三塔悬索桥为例，相比双塔悬索桥，三塔悬索桥多了一个中塔和一个主跨，使得其结构的力学行为与双塔悬索桥有明显的不同。难点就在于中塔的设计——把中塔刚度设计得太"强大"不行，反之太"柔弱"也不行。当三塔悬索桥在左跨受荷载作用，结构会变形，如图2-4-25所示。与边塔相比，中塔弯曲明显，也就是中塔没能够充分约束住主缆，它被主缆拉歪了。随之而来的是左跨加劲梁向下产生了较大的挠度。在桥梁设计中挠度是受控的，大了就不合规范要求。于是，为了将主缆约束住，只能选择增加中塔的刚度，如加大中塔截面，最有效的办法就是把中塔做成"A"形（图2-4-26）。当中塔变强后，左跨的挠度变小了，但是由于中塔强大的约束，左右跨的主缆中的拉力差与弱中塔相比变大，中塔顶的主缆存在滑移的问题。简而言之，如果中塔弱，那么加劲梁变形大；如果中塔强，此处主缆要滑移。这只是一个通俗的且不甚严谨的解释，实际上问题会更加复杂、更加专业。设计者必须在两难的选择中找到安全可靠的方案。

■ 图2-4-25　三塔悬索桥左跨承受荷载的结构变形示意图

■ 图2-4-26　中塔为"A"形的三塔悬索桥

早在20世纪30年代，在建设美国的旧金山 - 奥克兰海湾大桥（San Francisco-Oakland Bay Bridge）时，设计者就曾提出过五跨悬索桥方案。随后，各国桥梁工程师们相继提出了众多多塔悬索桥的方案，如直布罗陀海峡大桥等。在我国，三塔悬索桥方案在泰州长江大桥、马鞍山长江大桥、武汉鹦鹉洲长江大桥等桥的初步设计中均被提了出来。

对多塔缆索承重桥梁的深入研究表明：提高结构整体刚度是多塔斜拉桥设计的关键技术问题，中间主塔刚度问题与主缆抗滑移安全问题是多塔悬索桥设计的两个关键技术问题。

泰州长江大桥（图2-4-27）为主跨2×1080 m的三塔双跨钢箱梁悬索桥，于2007年12月开工，2012年11月建成通车。该桥是世界上第一座三塔悬索桥，荣获2013年度英国"卓越结构工程大奖"、2014年度国际桥梁与结构工程协会"杰出结构工程奖"。为了解决中塔刚度问题，该桥采用了桥面以下分叉的方式。

（a）泰州长江大桥全景

（b）中塔

■ 图2-4-27 泰州长江大桥

马鞍山长江大桥（图2-4-28）分左汊和右汊两座正桥，其中左汊正桥采用2×1080 m的三塔两跨悬索桥，主跨跨度在世界同类桥梁中位居第一，首次实现了三塔两跨悬索桥跨度由百米向千米的重大突破；右汊正桥采用2×260 m的三塔两跨斜拉桥，桥塔为椭圆拱形，为国内首座拱形塔三塔两跨斜拉桥。该桥于2008年12月28日开建，2013年12月31日建成通车，荣获2016年度国际桥梁大会"乔治·理查德森奖"、2016—2017年"中国建设工程鲁班奖"、第十五届"中国土木工程詹天佑奖"。为了解决中塔的刚度问题,该桥主塔采用钢-混叠合塔,靠两种材料的不同特性来设计中塔的刚度。从外形上看中塔上下一致,没有明显的处理痕迹。

图2-4-28　马鞍山长江大桥

武汉鹦鹉洲长江大桥(图2-4-29)主跨 2×850 m,为国内继泰州长江大桥、马鞍山长江大桥后再次建造的大跨度三塔悬索桥,于2010年8月动工兴建,2014年12月建成通车。该桥是世界上首次采用主缆连续的最大跨度的三塔四跨结合梁悬索桥,荣获2016—2017年"中国建设工程鲁班奖"。为了解决中塔的刚度问题,中塔采用桥面以上一小段分叉,桥面以下增加截面尺寸,分叉段采用钢材,其余采用混凝土材料的方式。

图2-4-29　武汉鹦鹉洲长江大桥

这些三塔悬索桥的建设为世界多塔悬索桥的发展做出了重要的贡献,也表明在多塔悬索桥的设计和建设方面,中国已处于世界领先水平。

第三章
桥梁的建造方法

Q

IAOLIANG DE JIANZAO FANGFA

走近桥梁

桥梁的建造凝聚着人类的智慧。古时候，人们用木、石等天然材料辅以人工搬运搭砌的方式建造桥梁，发展至今，机械化施工已占据桥梁建造的主导地位。未来，桥梁建造必将随着高端工业技术的发展，由机械化发展到智能装备化。

以桥梁支座为界，支座以下部分叫作下部结构，支座以上部分叫作上部结构。下面按照从下往上的顺序，讲一讲桥梁的建造过程及方法。

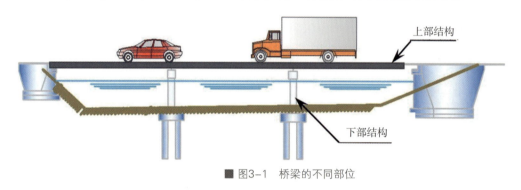

图3-1　桥梁的不同部位

第一节　稳如磐石——下部结构

桥梁的基础就像树木的根一样，是支撑桥梁结构的重要部分，它的作用是将桥面上部结构的重量及荷载传递到地基。目前桥梁基础常见的有明挖基础、桩基础、沉井基础等。

一、基础的建造方法

（一）可以看见的基础——明挖基础

1.什么是明挖基础

明挖基础，顾名思义就是直接在地面上开挖的基础，即在原有地面直接开挖形成基坑，然后在基坑内建造基础的一种常见基础形式。这种基础结构形式简单，埋置较浅，具有开挖简便、需用机具少、施工技术难度小、造价低等优点，因而从古代桥梁到现代桥梁，明挖基础在平原无水地区、浅滩或山区等地质条件良好的区域得到普遍采用。明挖基础的典型形式如图 3-1-1 所示。

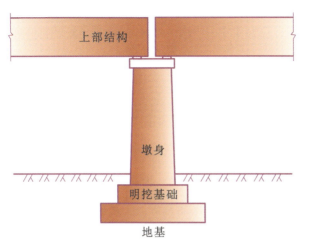

■ 图3-1-1　明挖基础的典型形式

在没有水或少量水且桥址土质比较好的条件下，可以采用垂直开挖的方式进行基坑施工。而在土质差一点的地方，则需要按一定的倾斜坡度开挖至需要的位置，如图 3-1-2 所示。当有一定的水深时，则需要在基坑四周设置一圈土石围堰或钢围堰，将水挡在外面以方便基础施工，如图 3-1-3 所示。

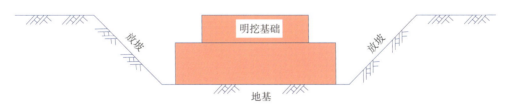

■ 图3-1-2　无水环境下明挖基础开挖示意图

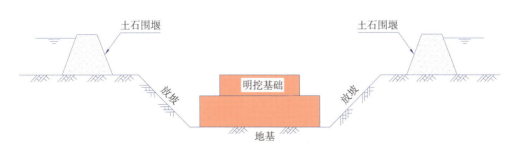

■ 图3-1-3　有水环境下明挖基础开挖示意图

2.明挖基础的发展历史

明挖基础是历史最悠久、应用最广泛的一种基础形式，随着人们对土力学的认识不断加深而发展。1876年，中国第一条营运铁路吴淞铁路开通，沿线有15座跨越小河的木桥，但由于当时技术有限，采用了大量埋置较浅的明挖基础，所以后期木桥受冲刷破坏严重。

1934年动工修建的粤汉铁路（现为京广铁路南段）五大拱桥，除新岩下桥两个墩采用混凝土沉井外，其余均为明挖基础，采用麻袋盛土或木板桩筑成围堰，抽水后人工开挖至基岩形成桥梁基础。20世纪50年代初，成渝铁路复工时，成都平原一些河流有砂夹卵石层，不便打桩，于是提出用明挖扩大基础代替桩基础，并在多数桥梁基础中应用，取得了较好的效果。

1951年建成的陇海铁路渭河一号桥在天兰段南河川车站以西1 km处，第1、2、8、9号各墩为明挖基础，基底均埋置于覆盖层中，如图3-1-4所示。

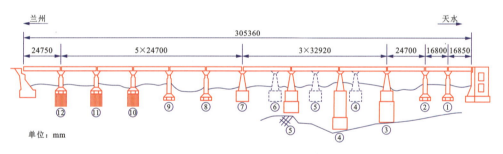

图3-1-4　陇海铁路天兰段渭河一号桥

20世纪70年代后，随着桥梁设计建造技术的不断发展，桥梁的荷载和跨度也越来越大。一些大跨度的桥梁基础处于深水环境，已经不适宜采用明挖基础，但由于明挖基础独有的特点，拱桥拱座和悬索桥锚碇如今还是以明挖基础为主。

2005年竣工通车的润扬长江大桥南汊桥的两个锚碇均采用了特大型深基坑基础。北锚碇基础平面尺寸为69 m×50 m，相当于8个篮球场那么大，深达50 m。南锚碇在施工时采用了"冻结排桩"的施工方法，该法是一种全新的基坑施工方法，应用于桥梁基础工程在国内属于首次。润扬长江大桥南锚碇基础布置如图3-1-5所示。

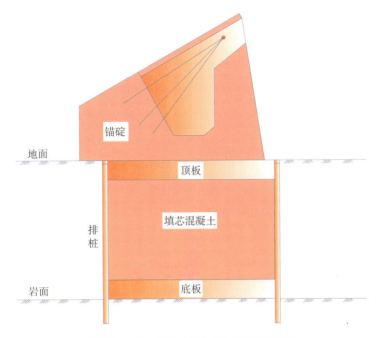

图3-1-5　润扬长江大桥南锚碇基础布置

3.明挖基础的建造方法

看似简单的明挖基础到底是怎样一步一步建成的呢？笼统地说，其主要分为四个步骤：基础的定位放样→基坑开挖→基坑排水与降水→基底处理及砌筑基础结构物。

（1）基础的定位放样。

在基坑开挖前，先进行基础的定位放样工作，以便将设计图上的基础位置准确地设置到桥址上。放样工作须根据桥梁中心线与墩台的纵横轴线推出基础边线的定位点，再放线画出基坑的开挖范围，如图3-1-6所示。一般用水准测

图3-1-6　基础的定位放样示意图

量的方法进行基坑内各点的标高测量控制,确保基坑尺寸和位置符合设计要求。

(2)基坑开挖。

桥梁基础根据不同的环境条件,需要采用不同的方法来施工。对于地质条件较好、空间较大、地下水位低于基底和基础埋置不深的基坑,在不影响邻近建筑物的情况下,可采用放坡开挖的方法进行基坑开挖施工,如图3-1-7所示。对于处于干涸无水的河滩、河沟,且地下水水位低于基底、渗透量少、不影响坑壁稳定性以及基础埋置不深的基坑,还可采用无支撑的垂直开挖方式进行基坑开挖施工,如图3-1-8所示。

■ 图3-1-7 基坑放坡开挖

■ 图3-1-8 基坑无支撑开挖

对于垂直开挖的基坑,如果基坑自身不能稳定,则需要对基坑进行支护后再进行开挖。如图3-1-9所示,在基坑四周施打一圈钢板(管)桩作为围护结构,然后用对撑结构把围护结构撑住,不让它向基坑内倾倒,以此创造一个安全的施工环境。而对于不能直接垂直开挖的基坑,为了确保基坑坡面的土体不滑塌,需要在坡面上喷射一层混凝土将土体稳住,不让它移动,然后打入一根长长的锚杆至土层深处,阻止坡面土体向基坑内滑塌,如图3-1-10所示。常见的基坑开挖支护方式还有锚杆支护、混凝土护壁支护等形式,如图3-1-11、图3-1-12所示。

目前应用广泛的悬索桥锚碇基础,常常采用地下连续墙作为围护结构进行基坑施工。如2019年建成的杨泗港长江大桥的锚碇基础,其平面大小相当于16个篮球场大小,采用圆形地下连续墙形成围护结构后再开挖基坑,其锚碇基坑如图3-1-13所示。

第三章 桥梁的建造方法

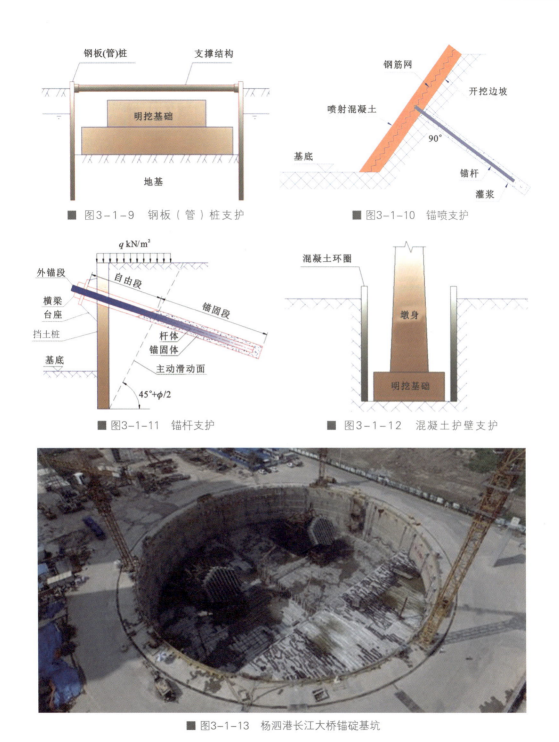

■ 图3-1-9 钢板（管）桩支护

■ 图3-1-10 锚喷支护

■ 图3-1-11 锚杆支护

■ 图3-1-12 混凝土护壁支护

■ 图3-1-13 杨泗港长江大桥锚碇基坑

世界首座高速铁路悬索桥——五峰山长江大桥，其南锚碇位于山坳间，采用了世界最大的山区锚碇扩大基础。施工时先采用冲击钻将基坑钻成"蜂窝"状的孔后，再用铣槽机钻成墙式的方孔，然后灌注混凝土形成连续式的防护结构。锚碇围护结构采用外径 90 m、壁厚 1.5 m 的圆形地下连续墙加环形钢筋混凝土内衬作为基坑开挖的支护结构。基坑的不同施工阶段如图 3-1-14 至图 3-1-17 所示。

■ 图3-1-14　地下连续墙施工完成

■ 图3-1-15　基坑开挖

■ 图3-1-16　锚碇施工

■ 图3-1-17　锚碇施工完成

（3）基坑排水与降水。

基坑坑底多位于地下水位以下，地下水会渗入坑内，因此只有设法把基坑内的水排除干净，基础才能在干作业条件下施工。常用的基坑排水方法有集水坑排水法（图 3-1-18）、井点排水法（图 3-1-19）。

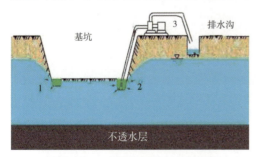

■ 图3-1-18　集水坑排水法示意图

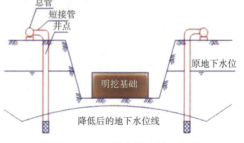

■ 图3-1-19　井点排水法示意图

（4）基底处理及砌筑基础结构物。

开挖完成的基坑应在浇筑前按规定进行检验，确保基坑的强度和稳定性，以免发生滑移等病害。当天然地基的承载能力达不到设计要求时，须先对原地基进行加固处理再进行后续施工。常用的地基处理方法有换土垫层法（图3-1-20）、打入桩加固地基法（图3-1-21）、砂桩法、水泥土搅拌桩法、石灰桩法、振冲法、强夯法和注浆加固法。基底处理完成后，即可进行后续基坑内基础或其他构筑物的浇筑工作。

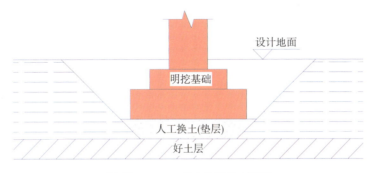

■ 图3-1-20　换土垫层法示意图

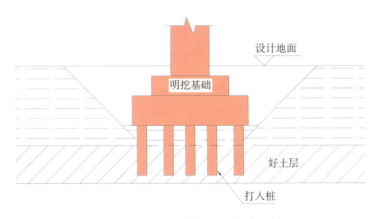

■ 图3-1-21　打入桩加固地基法示意图

（二）定海神针——桩基础

1.什么是桩基础

当需要在较深的河流中设置桥梁基础时，什么样的基础形式比较合适呢？答案是"桩基础"。桩基础是我国桥梁建设中经常用到的一种基础形式。

通俗地说，桩是一种埋入土中、截面尺寸比其长度小得多的细长构件。若干根桩通过桩顶端的承台连接成整体，如图 3-1-22 所示。桩基础应用灵活，设计者可以根据上部结构形式、荷载大小、地质情况等，调整桩的布置、直径、长度和数量等来满足设计要求。

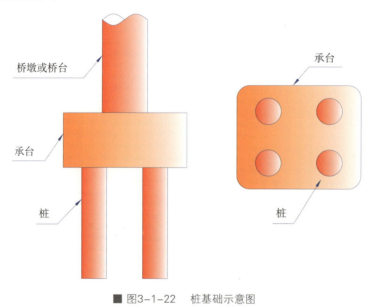

■ 图3-1-22　桩基础示意图

2.桩基础的发展历史

桩基础按照材料的不同，可分为木桩、钢筋混凝土预制桩、钢桩、钢筋混凝土灌注桩、复合桩等。下面对不同类型的桩基础的发展历史进行简单介绍。

（1）木桩的发展。

木桩是历史悠久的基础形式，从 7000～8000 年前的新石器时代直至 20 世纪前半叶都有应用，如秦朝的中渭桥、汉朝的东西渭桥、隋朝的灞桥等桥的基础都采用了木桩。到了明清时期，木桩技术更趋完善，《清官式石桥做法》和《崇陵工程做法册》对桩的选料、布置以及桩基施工方法都有规定，也介绍了专门的打桩工具。1905 年，桥梁工程师詹天佑主持建造了我国第一条不靠外资、不靠外国技术人员的干线铁路——京张铁路，其中全线最长的桥梁怀来河桥基础采用了木桩，打桩采用人力拉曳的落锤进行施工。

1989年考古发现的咸阳沙河古桥（图3-1-23），其基础就是采用的木桩（图3-1-24）。当时一共发掘出了143根木桩，直径均为40～50 cm，距今已有2000多年的历史。它的发现被列为1989年全国十大考古发现之一。由于咸阳沙河古桥位于古代丝绸之路的必经之地，它还被誉为"万里丝绸之路第一桥"。

■ 图3-1-23　咸阳沙河古桥遗址

■ 图3-1-24　沙河古桥木桩

20世纪30年代，由茅以升主持建造的杭州钱塘江大桥是首座由我国自行设计并建造的双层公铁两用桥，部分基础采用了木桩加沉箱，如图3-1-25所示。由于桥位处岩面距离水面较深，按当时的技术水平，气压沉箱无法直接到达岩面，因此在每个沉箱下打入了160根30 m长的木桩到达岩石层。施工时，最难的便是必须将一根根木桩打进江底的岩石层。开始打第一根木桩时，因为泥沙层太硬，打了两个小时也打不进去。换了大锤打，"咔嚓"一声，木桩断了，接二连三，桩桩如此。茅以升为此坐立不安。一个桥墩有160根桩，15个桥墩上的桩何时才能打完？

一个偶然的机会，他见一个小孩在浇花，喷出的水流把地上冲出一个个小沙窝。此景让茅以升豁然开朗。他把技术人员和老工人找来一起商量，提出用"射水法"解决施工难题。就是先用高压水直冲江底，待泥沙被冲出深洞后赶紧放木桩，再用气锤打。后来工人们在此基础上又提出了一些合理化建议，此后打桩由过去的一昼夜打1根提高到30根。

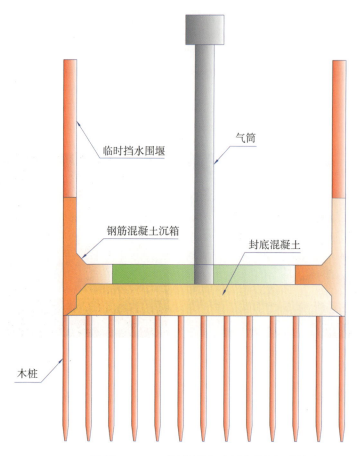

图3-1-25　杭州钱塘江大桥木桩加沉箱基础

（2）预制桩的发展。

预制桩，就是在工厂或施工现场加工制成的各种材料、各种形式的桩，如木桩、钢筋混凝土预制桩（图3-1-26）、预应力混凝土预制桩（图3-1-27）等。预制桩制作完成后，在现场用打桩设备将桩打入、压入或振入土中形成可承载的基础。

混凝土预制桩诞生于19世纪末。在我国，预制桩应用于桥梁基础是在20世纪初。津浦线泺口黄河铁路大桥是我国最早使用钢筋混凝土预制桩的桥梁。20世纪50年代，在建造武汉长江大桥时，其部分引桥应用了钢筋混凝土预制方桩。20世纪60年代后，我国开始大规模采用钻孔灌注桩，预制桩在我国桥梁基础应用中逐步减少。

■ 图3-1-26　钢筋混凝土预制桩

■ 图3-1-27　预应力混凝土预制桩

（3）钢桩的发展。

钢桩按照截面形式分为钢管桩（图3-1-28）和型钢桩（图3-1-29）。钢桩有重量轻、承载力高、接头连接简单、施工速度快等优点，同时也存在钢材用量大、工程造价较高、打桩机具复杂、振动和噪声较大、钢材易腐蚀等问题。

■ 图3-1-28　钢管桩

■ 图3-1-29　型钢桩

19世纪末，美国打下了世界上第一根钢管桩。20世纪初，我国早期的一些铁路桥应用了钢管桩基础，但由于当时国内钢材匮乏，所以钢管桩并未大规模普及。进入21世纪后，随着国民经济的发展，我国桥梁建设开始迈向海洋，这些跨海桥梁的兴建极大地推动了钢管桩的发展。比如已建成的东海大桥、杭州湾跨海大桥等都成功应用了钢管桩，钢管桩的直径也从1.5 m发展到了2.5 m。

值得一提的是"一带一路"上的桥梁工程——孟加拉国的帕德玛大桥（Padma Bridge），其使用的钢管桩直径达到了3 m，壁厚达到了60 mm，桩长达到了120 m。

钢管桩施工采用"水上浮式钢箱平台+三次调整导向架"的施工方法，钢管桩分两次插打到位，如图3-1-30所示。

■ 图3-1-30　导向架辅助钢管桩插打

（4）灌注桩的发展。

所谓灌注桩，是指通过机械钻孔、人力挖掘等手段，先在土石中形成桩孔，接着在孔内放置钢筋笼，最后灌注混凝土形成的桩。桩的横截面一般为圆形，桩底还可做成扩底形状以增加承载力。根据成孔的方式不同，一般分为钻孔灌注桩（图3-1-31）和挖孔灌注桩（图3-1-32）。钻孔灌注桩往往需要借助机械设备来钻孔，而挖孔灌注桩则主要依靠人工来挖孔。如今钻孔灌注桩广泛应用于桥梁及其他构筑物的基础工程中。

钻孔灌注桩最早出现在1893年，美国工程师借鉴掘井技术，发明了成桩工艺。20世纪40年代初，大功率钻孔机具在美国问世后，钻孔灌注桩开始在世界上被广泛应用。我国应用钻孔灌注桩始于20世纪60年代初，其后发展迅速。2000年建成通车的芜湖长江大桥，直径3 m的主墩钻孔桩基础采用KTY3000型钻机成孔。2008年建成的武汉天兴洲长江大桥，主塔墩基础为直径3.4 m的钻孔灌注桩，采用了KTY4000型钻机进行钻孔，如图3-1-33所示；施工时利用吊箱围堰顶面支架作为钻孔操作平台，如图3-1-34所示。

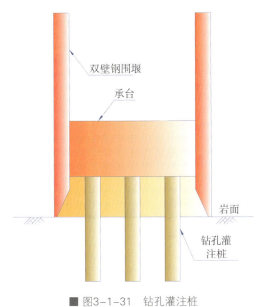

■ 图3-1-31 钻孔灌注桩

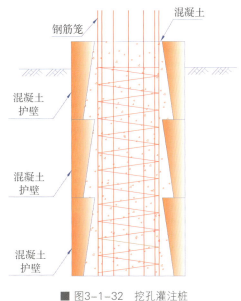

■ 图3-1-32 挖孔灌注桩

■ 图3-1-33 天兴洲长江大桥采用的KTY4000型钻机

■ 图3-1-34 天兴洲长江大桥钻孔桩施工图

已建成的平潭海峡公铁两用大桥的鼓屿门水道桥Z03、Z04号墩分别采用18根和16根直径4.5 m的大型钻孔灌注桩。钻孔机械为KTY5000型液压动力旋转钻机，如图3-1-35所示，这是首次使用大扭矩动力头旋转钻机进行的大直径桩的钻孔。

■ 图3-1-35 平潭海峡公铁两用大桥采用的KTY5000型钻机

（5）复合桩的兴起。

复合桩，通常是指由多种材料组成的桩。1879年，英国塞文铁路桥首次将钢管混凝土结构用于桥梁。我国在20世纪60年代开始研究钢管混凝土结构，90年代之后，混凝土结构在高层建筑、桥梁、大跨空间结构等方面应用广泛，发展迅猛。在桥梁领域，钢管混凝土复合桩首次在港珠澳大桥得到应用（图3-1-36、图3-1-37），变截面钢管复合桩直径2.2 m，钢管桩壁厚22 mm，桩长最大78 m。钢管桩制造完成后，由1000 t驳船运输至桥位，采用400 t全回转浮吊和2台APE400打桩锤并联进行打桩施工。为保证钢管桩的施工精度，采用了多次定位的导向架辅助施工。

■ 图3-1-36 港珠澳大桥复合桩插打

■ 图3-1-37 港珠澳大桥复合桩连成整体

3.桩基础的建造方法

下面以常见的钻孔灌注桩为例简述桩基础的建造方法。

钻孔灌注桩采用机械成孔,具有造价低、噪声小、成孔快等优点。钻孔灌注桩施工主要分为以下几个步骤:埋设护筒→制备泥浆→钻孔→清孔→下放钢筋笼→灌注水下混凝土。

(1)埋设护筒。

埋设护筒是钻孔前最主要的环节,其作用是保护孔口不坍塌和在钻孔时起导向作用。钢护筒埋设方法有挖埋式、筑岛填筑式、围堰筑岛式和深水平台架设式,如图3-1-38所示。

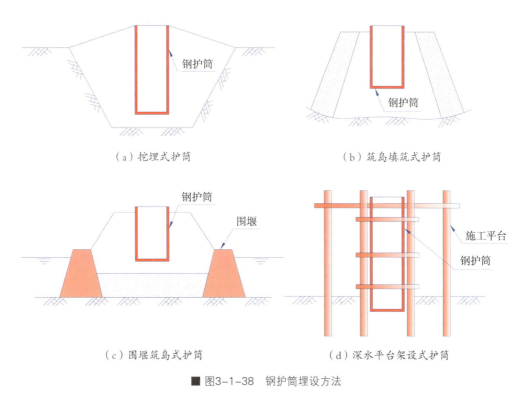

■ 图3-1-38　钢护筒埋设方法

(2)制备泥浆。

泥浆由水、黏土(或膨润土)和添加剂组成,其作用是增大孔内外的静水压力,并在孔壁形成一层泥皮,隔断孔内外水流并起护壁作用,还可起到悬浮钻渣、润滑钻具、减少钻进阻力的作用。一般在桩位旁设置泥浆池（图3-1-39）。

■ 图3-1-39 泥浆池

（3）钻孔。

钻孔需要根据不同的地质条件选用不同的机械。一般常用的机械成孔方法有旋转钻孔法、冲抓钻孔法、冲击钻孔法。实践证明，在钻孔过程中会遇到不同类型的土层，钻孔施工时需要根据土层的不同类型，选取不同的钻孔方法。以冲击钻机为例，其施工方法是用卷扬机牵引钢丝绳，拉拽起重力式冲击钻头，通过钻头自由落体的冲击力成孔。冲击钻机如图3-1-40所示，钻头如图3-1-41所示。

■ 图3-1-40 冲击钻机

■ 图3-1-41 冲击钻头

（4）清孔。

钻孔底达到设计标高后，应立即进行清孔。清孔的目的是减小孔底沉渣的厚度，保证桩底土的承载力。清孔的方法一般有抽浆清孔法、换浆清孔法、掏渣清孔法、喷射清孔法。清孔示意图如图3-1-42所示。

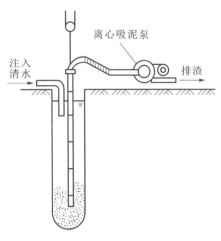

■ 图3-1-42　清孔示意图

（5）下放钢筋笼。

制造钢筋笼时一般要分节，每节长度以 8～9 m 为宜。钢筋笼运输到孔位后，通过吊车及人工辅助的方式下放至钻好的孔内，如图3-1-43所示。

■ 图3-1-43　下放钢筋笼

（6）灌注水下混凝土。

水下混凝土一般采用导管法灌注。导管用钢管制作，内径一般为 200～350 mm。导管使用前应进行水密性、承压和接头抗拉等试验。由于导管直径较小，需要用漏斗辅助进行混凝土灌注。导管法灌注混凝土的步骤如图3-1-44所示。

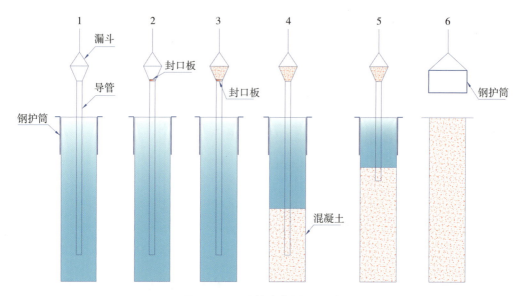

■ 图3-1-44 导管法灌注混凝土步骤

1—下导管；2—放置封口板；3—在灌注漏斗中装入混凝土；
4—起拔封口板，初灌混凝土；5—连续灌注混凝土；6—起拔护筒

钻孔灌注桩施工技术发展迅猛，其技术创新充分展现了大桥建设者的智慧。1973年建设九江长江大桥时，陈新院士创造了双壁钢围堰这一新型施工方法，迄今这种方法一直在桥梁桩基承台施工中发挥着重要的作用。

中国第一座公铁两用跨海大桥——平潭海峡公铁两用大桥，其主塔墩承台外围布设的防撞箱主要由吊箱、防撞梁、联结系三部分组成。吊箱作为承台施工围堰，防撞梁可直接承受五万吨级船舶的撞击。防撞箱围堰施工与永久性结构合二为一，结构形式如图3-1-45所示。

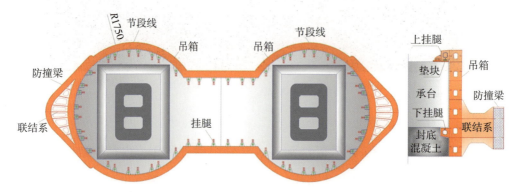

■ 图3-1-45 平潭海峡公铁两用大桥防撞箱围堰结构形式

防撞箱围堰在工厂内分节段制造，接着在船坞拼装胎座上进行组拼，各组件以桥中心线分左右两个圆形单元体。围堰拼装完成后，整体滑移至码头，由船运输至桥位后整体吊装。其围堰整体下放采用数控液压千斤顶多点同步下放系统，然后在围堰内封底及主墩承台施工。上述施工步骤如图3-1-46至图3-1-50所示。图3-1-51所示为海浪冲击围堰的情景。

■ 图3-1-46　防撞箱围堰在工厂内分节段制造

■ 图3-1-47　围堰工程整体拼装

■ 图3-1-48　围堰在桥位处整体吊装

■ 图3-1-49　围堰整体下放

■ 图3-1-50　主墩承台施工

■ 图3-1-51　海浪冲击围堰

4. 桩基"神器"

桩基施工采用的机械装备印证了桩基础的发展历程。以前人们在施工木桩、钢管预制桩、混凝土预制桩时,采用的是人工辅助小型机械设备的方式,如今桥梁预制桩深度已超100 m,桩径已达到3 m,这时候就需要大型的施工机械来帮忙。打桩船是水上预制桩施工的首选,常见的打桩船如图3-1-52、图3-1-53所示。

■ 图3-1-52 "大桥海威951"打桩船

■ 图3-1-53 "海力801"打桩船

近年来国内施工企业陆续引进国外APE400、APE600型液压振动锤(图3-1-54),激振力分别达3203 kN、4753 kN,其具有噪声小、效率高、无污染、不损伤桩体等优点。由中国企业施工的孟加拉国帕德玛大桥,采用了德国MENCK的MHU 2400 S型(图3-1-55)和3500 S型液压冲击锤,最大冲击能量可分别达到2400 kJ和3500 kJ。

■ 图3-1-54 APE600型液压振动锤

■ 图3-1-55 MHU2400 S型液压冲击锤

我国桥梁的钻孔机械研发势头良好。KTY3000型钻机是国内第一代动力头钻机，岩层钻孔直径最大为3 m，孔深可达130 m。该钻头成功应用于芜湖长江大桥、湖北荆沙长江大桥等重大项目。随后研发的KTY4000型和KTY5000型钻机（图3-1-56），其钻孔直径可达5 m。

另外，国内常用的钻孔机械还有冲击钻机、旋挖钻机、回转钻机等。目前已经有适应大孔、深桩、硬地层的XR550（图3-1-57）、TR580、SR630等大型旋挖钻机，这种钻机具有动力强劲、运输便捷、施工效率高等优点，将是今后桩基施工的发展方向。

图3-1-56　KTY5000型钻机

图3-1-57　XR550型旋挖钻机

（三）沉井基础

1.什么是沉井基础

沉井基础一般由井壁、刃脚、隔墙、剪力键、封底和盖板（承台）等组成（图3-1-58）。一般先预制好底节，然后从井内挖土，依靠沉井自身重力，克服阻力后下沉到设计标高，最后在井孔内封底、施工盖板（承台），就建成了桥梁墩台基础。

沉井基础下沉系数一般在 1.05～1.25。沉井下沉受力示意图如图 3-1-59 所示。

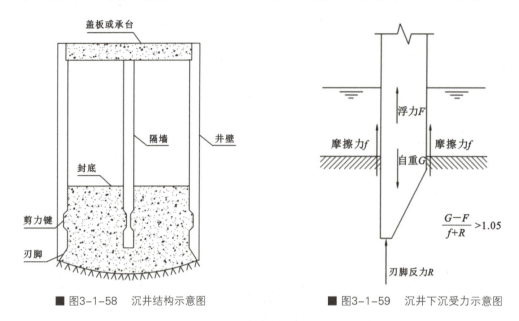

■ 图3-1-58　沉井结构示意图　　　　　■ 图3-1-59　沉井下沉受力示意图

沉井按材料分为木沉井、石沉井、混凝土沉井、钢沉井、钢-混沉井等；按平面形状分为圆形沉井、矩形沉井和圆端形沉井；按立面形状分为柱形沉井、锥形沉井和阶梯形沉井。

沉井结构一般适用于非岩石的覆盖层中的基础，不适用于要穿过岩层、胶结的卵石层及大漂石层等的基础。特别是在土层中有大孤石、旧基础、树干、倾斜基岩面等情况下应谨慎使用。

2.沉井基础的发展历史

沉井法起源于一种古老的打井方法，在公元前两千多年，古埃及人就曾使用过木材和石材沉井开挖汲水井。我国春秋战国时期，为使水井经常保持一定的水量，不因井壁坍塌而干枯，在平原地区挖掘水井时也采用过沉井法。现代的沉井基础起源于欧洲。1738 年，在伦敦泰晤士河上建造的威斯敏斯特桥（Westminster Bridge）采用了长 24.385 m、宽 9.144 m、深 4.877 m 的木沉井。沉井在岸上制作，利用潮水托运到桥位并下沉。1851 年，英国在肯特郡的罗切斯特修建梅德韦桥

（Medway Bridge）时，首次采用压缩空气沉井。1936 年，美国建造旧金山 – 奥克兰海湾悬索桥时，锚固墩首次使用了充气浮运、放气下沉的圆盖沉井，平面尺寸为 60 m×28 m。20 世纪中后期，沉井基础在深水桥梁中应用较多，如南京长江大桥、九江长江大桥等。21 世纪，已建成的沪通铁路长江大桥的沉井基础深度已达到 100 m，平面尺寸达到 5000 m^2。

1960 年 1 月，南京长江大桥 1 号墩基础施工时，采用在钢板桩围堰内筑岛修建重型混凝土沉井，首次采用了井壁外侧高压射水辅助下沉方法，下沉深度 90 m 以上。4～7 号墩采用自浮式钢壳混凝土沉井基础，其施工方法：在拼装船上组拼底节钢沉井，用吊机吊起底节放入水中，安装钢气筒充气，接高混凝土井壁，沉井下沉至河床；气筒放气使沉井沉入河床并稳定深度。图 3-1-60 为 7 号墩首节钢沉井拼装实景。

■ 图3-1-60 南京长江大桥7号墩首节钢沉井拼装实景

1973 年开工建设的九江长江大桥 1 号墩位于北岸滩地，采用钢筋混凝土沉井基础，总高度为 39 m，分 9 节：底节高 5 m，外径 20 m；中部 7 节高 30 m，外径为 19.6～19.8 m；顶节高 4 m。沉井从上到下要穿过砂黏土层和粉细砂层，下沉深度达 51 m，采用了泥浆套工艺润滑外壁、减小阻力的辅助下沉方法。1 号墩沉井结构示意图如图 3-1-61 所示。

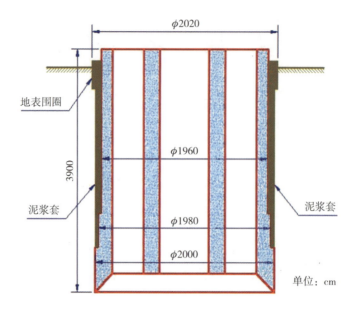

■ 图3-1-61 九江长江大桥1号墩沉井结构示意图

2007年开工建设的泰州长江公路大桥，南、北锚碇采用陆上沉井基础，中塔采用水中沉井基础。南锚碇沉井基础尺寸巨大，长和宽分别为67.9 m和52 m，壁厚2.4 m。南锚碇沉井总高41 m，沿深度方向分8节：第一节到第五节高28 m，采用排水吸泥方案下沉25 m到标高−23 m后，接高第六、七、八节13 m沉井，采用空气吸泥方案下沉16 m到达设计标高−39 m。南锚碇沉井立面图如图3-1-62所示。中塔沉井总高76 m，分为下段钢壳沉井和上段钢筋混凝土沉井两部分，通过底节钢壳在岸边完成部分工作后，浮运沉井至桥位处，再通过"吸泥—下沉—接高"循环使沉井下沉到位。

2010年动工兴建的铜陵长江公铁大桥，3号墩采用圆端形沉井基础，底部平面尺寸为62.4 m×38.4 m，顶端平面尺寸为64 m×40 m。沉井总高68 m，其中上部18 m为混凝土结构，下部50 m为钢结构，分6节制造。钢沉井通过运输船运至墩位处并通过浮吊整体入水、接高，这是首次在墩位处整节段组拼钢壳沉井。3号墩沉井下沉实景如图3-1-63所示。

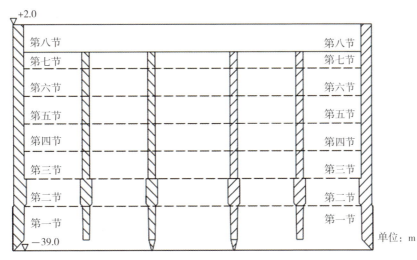

■ 图3-1-62 泰州长江公路大桥南锚碇沉井立面图

■ 图3-1-63 铜陵长江公铁大桥3号墩沉井下沉实景

2014年开工建设的沪苏通长江公铁大桥6个墩塔均采用沉井基础。其中28号、29号主墩沉井平面尺寸为86.9 m×58.7 m，高分别为105 m（其中钢沉井高50 m）和115 m（其中钢沉井高56 m），钢沉井采用"船坞内整体制造＋整体出坞浮运"的施工方法。沉井定位采用"大直径钢管桩＋重力混凝土锚"系统，边墩和辅助墩（26～27号、30～31号）沉井采用井内大直径钢管桩导向定位的方案。边墩沉井定位实景如图3-1-64所示。

2016年开工建设的瓯江北口大桥中塔采用沉井基础,沉井平面尺寸为 66 m×55 m,总高 68 m,其中钢沉井高 59 m,钢筋混凝土沉井高 9 m。27.5 m 高的底节钢沉井在工厂拼装成整体后,用滑道法下河,"半潜驳+拖轮浮运"至墩位后采用"锚墩+重力锚"的方式进行定位,如图 3-1-65 所示。

图3-1-64 沪苏通长江公铁大桥边墩沉井定位实景

(a)中塔沉井滑道下河

(b)半潜驳运输

图3-1- 65 瓯江北口大桥施工实景

3.沉井基础的建造方法

桥梁常用的沉井为混凝土沉井和钢-混沉井,其施工方法基本相同。

(1)混凝土沉井施工。

混凝土沉井适用于陆域环境,其总体方案:在墩位处筑岛对场地进行平整或加固，在墩位处制造第一节沉井，取土下沉，接高其上的第二节沉井，如此循环至沉井下沉到设计标高，然后对井底清基，浇筑封底混凝土，最后进行井顶盖板施工。混凝土沉井施工工艺流程如图3-1-66所示。

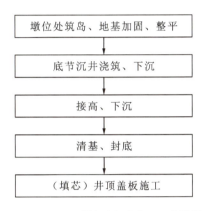

■ 图3-1-66　混凝土沉井施工工艺流程

① 墩位处筑岛、地基加固、整平。在浅水的墩位采用筑岛法（就是将有水的区域用土填筑起来）施工，筑岛的尺寸应满足沉井制作及施工作业的要求，岛面应比施工水位高出0.5 m以上；在旱地，可在整平夯实的地面上直接制作沉井。

② 底节沉井浇筑、下沉。底节沉井可采用土模法或抽垫法施工。主要工作内容有土模制作（适用于土模法，抽垫法为平整场地、支点布置）、钢刃脚制造、安装及定位，安装模板、绑钢筋，浇筑混凝土。

③ 接高、下沉。沉井接高前应调平，注意均匀加载以防沉井下沉时倾斜，同时应根据稳定性计算确定是否在刃脚下回填或支垫。井内取土也要均匀对称，从中间开始向刃脚处取土。

④ 清基、封底。清基是为了去除沉井底表面的浮泥及残存物，有效地传递荷载。清基的方法有排水清除，也可以在不排水的情况下通过射水和吸泥清理。封底混凝土施工在少水或干环境时直接浇筑混凝土，深水时采用水下灌注法。

⑤（填芯）井顶盖板施工。井孔内是否填芯按设计要求进行。井顶的盖板可以预制，也可现浇。

混凝土沉井施工步骤如图 3-1-67 所示。

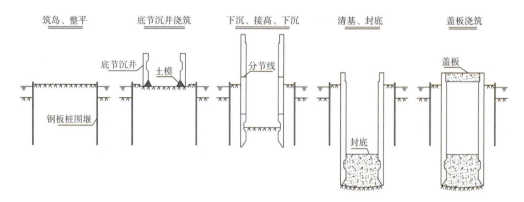

■ 图3-1-67 混凝土沉井施工步骤

（2）钢-混沉井施工。

钢-混沉井适用于水域环境，为了便于整体运输，会将底节设计为自浮的钢壳，其高度根据水深、河床冲刷深度和入土稳定深度而定，其他节段为钢筋混凝土。钢-混沉井施工工艺流程如图 3-1-68 所示。

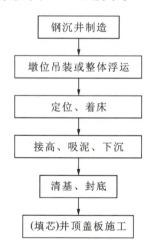

■ 图3-1-68 钢-混沉井施工工艺流程

① 钢沉井制造。钢沉井制造一般在钢结构加工厂进行，主要由胎架制作成单元件，然后再组拼、焊接成整节段（图 3-1-69）。钢沉井分块大小由起重能力、运输条件等确定。

第三章 桥梁的建造方法

■ 图3-1-69 钢沉井厂内整体制造

② 墩位吊装或整体浮运。制造完成的钢沉井可以分块运输至墩位，在铁驳上拼装成整体后采用吊架起吊下水（图3-1-70）；也可以在加工厂拼装成整体后下水，利用拖轮浮运至墩位（图3-1-71）。

■ 图3-1-70 钢沉井墩位吊装就位　　　　■ 图3-1-71 钢沉井墩位整体浮运就位

③ 定位、着床。沉井漂浮定位系统分锚碇定位和锚墩定位两种。锚碇系统主要由主锚、边锚、尾锚、定位船、上拉缆和下拉缆等组成。锚墩定位系统（图3-1-72）主要由锚固体和张拉定位系统组成。沉井着床选择低流速平潮位进行，向井壁注水快速着床至稳定深度。

■ 图3-1-72　锚墩定位系统

④ 接高、吸泥、下沉。在沉井顶面安装塔吊或门式吊机，立模板、绑扎钢筋，接高第一节混凝土沉井（图3-1-73）。当井壁混凝土强度达到设计强度时，开始吸泥下沉。吸泥时要保证均匀、对称，以防止沉井下沉时偏斜和突沉。

■ 图3-1-73　混凝土沉井接高

⑤ 钢-混沉井的清基、封底、（填芯）井顶盖板施工的做法同混凝土沉井。

第三章　桥梁的建造方法

二、桥墩的建造方法

（一）什么是桥墩

桥梁中间的支墩是桥墩（图3-1-74），两端与道路衔接的支墩是桥台（图3-1-75）。桥墩和桥台合称为墩台。

■ 图3-1-74　已完成施工的桥墩

■ 图3-1-75　已完成施工的桥台

（二）桥墩的分类

1. 重力式桥墩

重力式桥墩又叫实体桥墩，由砖、石、片石混凝土砌筑，一般不设受力钢筋，仅配置构造钢筋，主要靠自身的重力来平衡外力，从而保证桥墩的强度和稳定性。

重力式桥墩由墩帽、墩身和基础三部分组成（图3-1-76），根据截面形式可分为矩形墩、圆形墩以及圆端形墩。

> **小贴士：受力钢筋、构造钢筋**
>
> 受力钢筋：是指在混凝土构件内沿长方向布置，主要在构件中承受拉力或压力的钢筋，包括受拉钢筋、受压钢筋、弯起钢筋等。
>
> 构造钢筋：因构件的构造要求和施工安装需要配置的钢筋，如架立筋、分布筋、箍筋等。

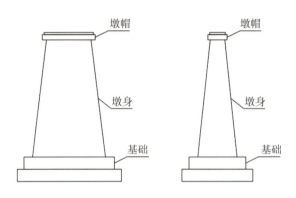

■ 图3-1-76 重力式桥墩示意图

2.空心桥墩

为了减少圬工体积，节约材料，减轻自重，减少软弱地基的负荷，一些高大的桥墩会将墩身内部做成空腔，即所谓的空心桥墩（图3-1-77）。而一般在流速大并且夹有大量泥沙、石块或可能有船只、冰块与漂浮物撞击的河流中不宜采用空心桥墩。

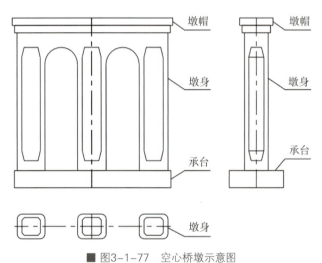

■ 图3-1-77 空心桥墩示意图

> **小贴士：圬工**
>
> 圬工：以砖、石材、砂浆或混凝土为材料所建成的结构。它是指除钢筋混凝土、预应力混凝土、钢结构以外的一种纯混凝土或砖石砌体材料。

3. 柱（桩）式桥墩

柱（桩）式桥墩是目前公路桥梁广泛采用的桥墩形式，特别适用于桥梁宽度较大的城市桥梁和立交桥。柱（桩）式桥墩由承台、柱式墩身和盖梁组成。

柱（桩）式桥墩一般分为独柱（桩）、双柱（桩）和多柱（桩）等形式（图3-1-78），它可以根据桥宽的需要以及地物地貌条件任意组合。柱（桩）式桥墩通常为钢筋混凝土桥墩或预应力混凝土桥墩。

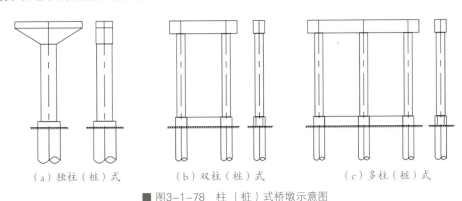

（a）独柱（桩）式　　（b）双柱（桩）式　　（c）多柱（桩）式

■ 图3-1-78　柱（桩）式桥墩示意图

4. 柔性排架墩

柔性排架墩（图3-1-79）由单排或双排的钢筋混凝土柱与钢筋混凝土盖梁连接而成。其主要特点：通过一些构造措施，将上部结构传来的水平力（制动力、温度影响力等）传递到全桥的各个柔性墩台或相邻的刚性墩台上，以减少单个柔性墩所受到的水平力，从而达到减小墩台截面的目的。柔性排架墩的跨度一般为50～80 m。桥长超过这一范围时，应设置滑动支座或温度墩。

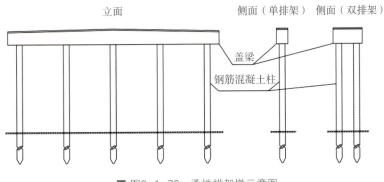

■ 图3-1-79　柔性排架墩示意图

5. 刚构墩

为了减轻墩身自重和减少阻水面积，桥墩有时采用刚构墩。刚构墩形式多样，有横桥向刚构、顺桥向刚构或横桥顺桥均刚构，有 X 形、V 形、Y 形、树杈形等（图 3-1-80），外形简洁美观，多用于城市桥梁。

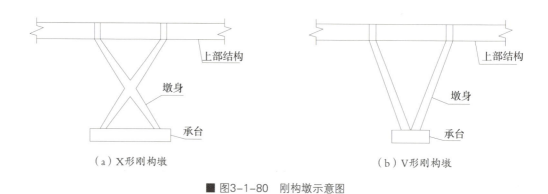

图3-1-80　刚构墩示意图

（三）桥墩的建造方法

常见的桥墩一般采用现场就地浇筑法，而海洋桥梁的非通航孔桥墩以及城市桥梁墩台正向预制装配化方向发展。

1. 现场就地浇筑法

现场就地浇筑法（简称现浇法）历史悠久，新中国第一座长江大桥——武汉长江大桥的桥墩就是采用的现场就地浇筑法。桥墩现浇法是现代桥梁最主要的施工方式，主要分为四个步骤：测量放样→钢筋绑扎→模板安装→混凝土浇筑。

（1）测量放样。

测量放样是在基础顶面根据桥墩平面尺寸及其与承台的位置关系，将其设计位置在承台上准确标识出来。

（2）钢筋绑扎。

桥墩钢筋绑扎前，须先检查、调整、清洁承台预留钢筋。钢筋绑扎（图 3-1-81）应按设计图纸和规范要求进行。一般钢筋长度的模数为 3 m。

(3)模板安装。

墩身模板一般采用钢模板,由工厂制好后现场拼装成型。模板安装时必须稳固牢靠,拼缝严密,不得漏浆。模板与混凝土接触面必须清理干净,涂上脱模剂以方便顺利拆模。

(4)混凝土浇筑。

桥墩混凝土浇筑(图3-1-82)采用吊机辅助,现在常用的是地泵和天泵混凝土车。长大桥梁的深水桥墩在浇铸时常用专用混凝土驳船供应混凝土。

■ 图3-1-81 桥墩钢筋绑扎

■ 图3-1-82 桥墩混凝土浇筑

> **小贴士:地泵、天泵**
>
> 地泵:功率大,管道接长后可以将混凝土输送到所需的高度。
>
> 天泵:可自行移动,不需人工布管,使用方便。

2.现场就地砌筑法

现场就地砌筑法具有就地取材、经久耐用等优点,一般修建在石料丰富地区。其主要施工步骤为搅拌砂浆→砌筑→勾缝→养护。

（1）搅拌砂浆。

搅拌砂浆时，必须保证其成分、颜色和塑性均匀一致，一般搅拌砂浆需使用搅拌机；在工程数量较小时，也可采用人工拌制。

（2）砌筑。

浆砌石料的顺序一般为先砌角石，再砌面石，最后砌腹石。角石砌好后即可将线挂到角石上（应双面拉线），再砌面石。砌面石时应留送填腹石缺口，砌完腹石后再进行封砌。

（3）勾缝。

砌体的勾缝根据设计要求有平缝、凸缝、凹缝等。勾缝分为原浆勾缝和加浆勾缝两种。

（4）养护。

砌体灰缝养护时间不得少于7天。

1901年建成的哈尔滨松花江大桥桥墩（图3-1-83）为石膏白灰浆砌石砌筑而成，采用花岗岩石镶面。

■ 图3-1-83 哈尔滨松花江大桥桥墩

3.装配式墩身施工

装配式墩身是将桥墩沿高度分为若干段,在预制场集中预制,再由运输驳船运到现场进行安装。主要施工步骤:构件预制→构件运输→构件吊装→构件安装及填缝养护等。

(1)构件预制。

墩身的分节长度由运输及吊装的船舶能力决定,一般墩身分 2~3 个节段为宜。墩身预制(图 3-1-84)的主要内容:施工预制台座、钢筋加工及安装、合模(墩身模板安装)、浇筑墩身混凝土、拆模及养护等。

图3-1-84 墩身预制

(2)构件运输。

构件下河及运输方式在制定方案时已明确,运输时应选择合理的运输路线,运输过程中要对预制构件进行固定和保护,以减少或避免构件在运输过程中的污染和损坏。

(3)构件吊装。

构件吊装要专门设计,一般吊具要同时满足桥墩和其他预制件的功能需求。构件吊装时应选择在低平潮位进行,主要施工流程:承台(或桩)顶面处理、安装调整装置、节段吊装(图 3-1-85)及精调等。

（4）构件安装及填缝养护。

墩身的连接方式有预应力筋连接、承插式连接、插槽式连接、灌浆金属波纹管连接（图3-1-86）、灌浆套筒连接等。填缝养护的方式和时间应根据连接方式按设计或规范要求确定。

■ 图3-1-85　墩身节段吊装

■ 图3-1-86　灌浆金属波纹管连接

2002年开工的东海大桥有640个海上预制桥墩，2009年开工的港珠澳大桥非通航孔桥共189个桥墩采用预制装配化施工方法（图3-1-87、图3-1-88）。

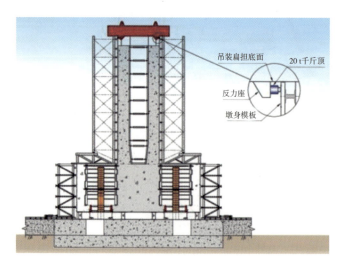

■ 图3-1-87　港珠澳大桥墩身预制示意图

■ 图3-1-88　港珠澳大桥墩身吊装

4. 滑模或爬模施工法

高桥墩在山区桥梁中使用较多，由于施工条件差、施工操作难，一般采用滑模法（图 3-1-89）和爬模法（图 3-1-90）。这两种方法的主要区别：滑模法是采用固定模板，不脱离浇筑结构，顺着浇筑方向滑移至下一位置，一般用于规则截面；而爬模法是模板与浇筑结构脱离后，由爬架顶升至下一位置，一般浇筑节段较长。其详细施工步骤见本章第二节。

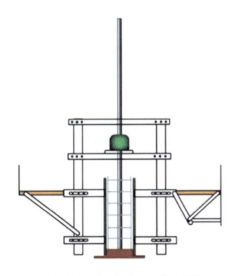

图3-1-89　滑模施工法示意图

图3-1-90　爬模施工法示意图

第二节　形态万千——上部结构

一、主塔的修建方法

（一）什么是主塔

在桥梁工程中，主塔通常是指斜拉桥或者悬索桥的索塔，即支承主索的塔形构造物（图 3-2-1、图 3-2-2）。

■ 图3-2-1　斜拉桥主塔（武汉二七长江大桥）

■ 图3-2-2　悬索桥主塔（武汉鹦鹉洲长江大桥）

（二）主塔的分类

1.斜拉桥主塔的分类

斜拉桥的主塔按材料、数量、形状等可分为不同的种类。

（1）根据主塔的材料可分为钢筋混凝土塔（图3-2-3）、钢塔（图3-2-4）等。

第三章 桥梁的建造方法

■ 图3-2-3 钢筋混凝土塔
（沪通长江大桥）

■ 图3-2-4 钢塔（南京长江三桥）

（2）根据主塔的数量可分为独塔、双塔、三塔、四塔、五塔、六塔和七塔等（图3-2-5至图3-2-8）。

■ 图3-2-5 独塔
（珠江黄埔大桥）

■ 图3-2-6 双塔（武汉长江二桥）

■ 图3-2-7 三塔
（蒙华铁路洞庭湖大桥）

■ 图3-2-8 四塔
（希腊里翁-安蒂里翁大桥）

（3）根据主塔的外形可分为独柱式、双柱式、H形、门字形、m形、倒Y形、A形、钻石形、花瓶形、人字形、拱形以及侧重景观的各种异形塔（图3-2-9至图3-2-20）。

■ 图3-2-9 独柱式塔（香港昂船洲大桥）

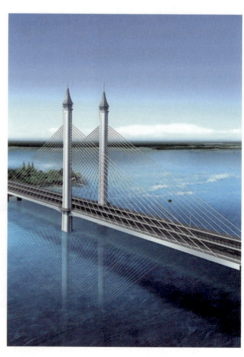
■ 图3-2-10 双柱式塔（松花江松原大桥）

第三章　桥梁的建造方法

■ 图3-2-11　H形塔（威海长会口大桥）

■ 图3-2-12　门字形塔（福州林浦大桥）

■ 图3-2-13　m形塔（澳门西湾大桥）

■ 图3-2-14　倒Y形塔（苏通长江大桥）

■ 图3-2-15　A形塔
（上海徐浦大桥）

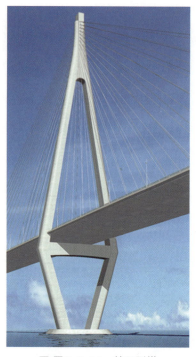

■ 图3-2-16　钻石形塔
（杭州湾跨海大桥北航道桥）

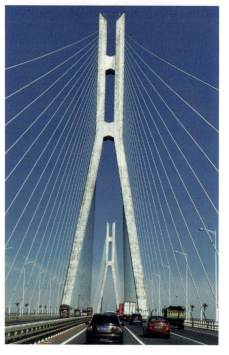

■ 图3-2-17　花瓶形塔
（南京八卦洲长江大桥）

■ 图3-2-18　人字形塔
（上海长江大桥）

第三章 桥梁的建造方法

■ 图3-2-19 拱形塔
（马鞍山长江大桥右汊斜拉桥）

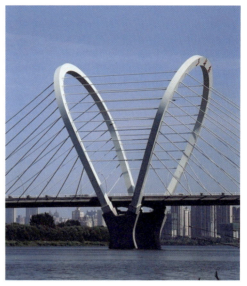

■ 图3-2-20 异形塔
（沈阳浑河三好桥）

2.悬索桥主塔的分类

悬索桥主塔按外形及材料可分为以下几种类型。

（1）根据主塔横向结构的外形可分为门形框架式、桁架式、混合式等（图3-2-21至图3-2-23）。

■ 图3-2-21 门形框架式塔（舟山西堠门大桥）

■ 图3-2-22 桁架式塔（日本明石海峡大桥）

■ 图3-2-23 混合式塔（美国金门大桥）

（2）根据主塔材料和塔底连接方式的不同可分为钢筋混凝土塔、钢塔、钢混组合塔（图3-2-24至图3-2-26）。

■ 图3-2-24 钢筋混凝土塔（五峰山长江大桥）

■ 图3-2-25 钢塔（泰州长江大桥）

第三章　桥梁的建造方法

■ 图3-2-26　钢混组合塔（武汉鹦鹉洲长江大桥）

（三）主塔的建造方法

下面根据主塔材料的分类，介绍钢塔和钢筋混凝土塔的安装方法。

1.钢塔的安装方法

钢塔有自重轻、抗震性能好、制造工厂化、安装速度快的优点，已广泛应用于大跨度斜拉桥和悬索桥。根据施工机械的能力，钢塔安装一般分为节段安装法和转体安装法。

（1）节段安装法。

对于节段重量不大、吊装高度不高的陆地城市景观桥钢塔，一般采用履带吊或汽车吊进行大节段钢塔吊装；对于深水桥梁的钢塔，一般采用大型塔吊安装，高度不高时也可采用浮吊安装。图3-2-27所示为马鞍山长江大桥中塔节段安装施工现场图及施工示意图。

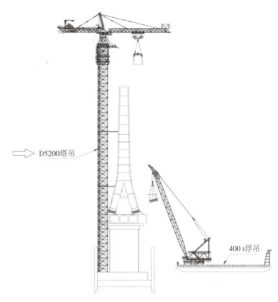

（a）施工现场图　　　　　　　　　（b）施工示意图

■ 图3-2-27　节段安装法（马鞍山长江大桥中塔）

节段安装法方便灵活，不需要太多辅助措施，安全性能高。主要安装步骤如下。

① 钢塔制造。钢塔加工要选择专业钢结构工厂，出厂前钢塔要进行预拼（图 3-2-28），一般采用卧式预拼或立式预拼。预拼精度按照设计标准控制，预拼合格后在预拼口两端轴线处打样冲点、四角画对位线，作为现场安装调整的测量控制点和基准线。

■ 图3-2-28　钢塔厂内预拼

② 钢塔运输。钢塔节段在工厂内运输采用液压台车，钢塔节段较高时采用卧运方式。长途运输可采用半挂车等重型汽车，采用水运时由厂内运到斜船架上，斜船架通过轨道运输到码头处，利用浮吊（或门式起重机）起吊装船。图 3-2-29 所示为钢塔节段运输实景。

■ 图3-2-29　钢塔节段运输实景

③ 钢塔安装。钢塔节段的吊装可以采用浮吊或者塔吊（图 3-2-30），吊装用的耳板预先焊接在节段顶，通过专用吊具进行吊装。一般起始节段与塔座之间采用锚杆连接，节段安装时采用先初定位再精确定位进行调整（图 3-2-31）。初定位是在吊装时利用导向辅助方式进行，吊机配合手拉葫芦拉拽和人工调整节段底口平面位置，节段精确调整是利用千斤顶调整节段的平面位置及标高。其余节段的安装通过临时拼接板定位安装。节段间的连接采用栓接或焊接方式完成。

> **小贴士：手拉葫芦**
>
> 手拉葫芦是一种使用简单、携带方便的手动起重机械，也称"环链葫芦"或"倒链"。

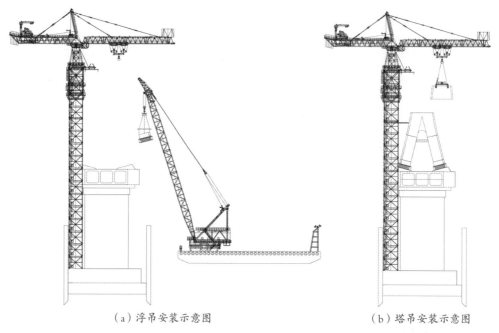

(a) 浮吊安装示意图　　　　　　　　(b) 塔吊安装示意图

■ 图3-2-30　钢塔节段吊装

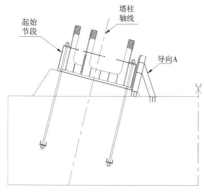

(a) 起始节段安装示意图　　　　　　(b) 现场位置调整

■ 图3-2-31　钢塔起始段安装

（2）转体安装法。

转体施工是针对大节段或钢塔结构整体而言的，适用于限空限界等条件，整节段钢塔实现了"大型化、工厂化、标准化、装配化"的设计理念，能减少现场施工环境对钢塔质量的影响。但是由于吊装重量大，一般对船舶功能、操作精度等要求很高，所以也存在施工难度大、风险大的缺点。转体法的施工步骤主要为整体制造→整体运输→现场安装。

① 整体制造。钢塔整体制造除对运输及起吊设备要求更高外，其制造工艺与钢塔节段法相同。

② 整体运输。钢塔整体运输采用大吨位运输船，船舶运输能力须是结构重量的 5 倍左右，这样才能满足船舶对稳定性的要求。

③ 现场安装。钢塔转体常见的方法有两种。一种是将钢塔运输至塔位附近，利用大小浮吊协同操作完成转体动作（图 3-2-32），港珠澳大桥江海直达船航道桥的钢塔安装就是采用的这种方法。

■ 图3-2-32　大小塔吊转体法

另外一种转体法也可以称为提升滑移转体法，其原理是通过滑道系统和提升系统协同完成转体。先将钢塔水平吊装放置在滑道上（图 3-2-33），钢塔与提升系统之间采用球铰销轴连接，由提升架在钢塔前端连续提升，带动后端钢塔向上竖转。钢塔提升时的关键是要保持同步性，控制好钢塔横桥向角度及钢塔空间扭曲情况。图 3-2-34 所示为提升滑移转体法施工现场及示意图。

■ 图3-2-33　钢塔吊装至桥面

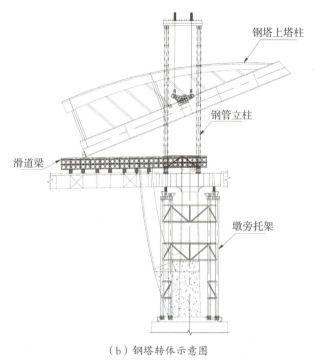

（a）钢塔转体施工现场　　　　　（b）钢塔转体示意图

■ 图3-2-34　提升滑移转体法

2.钢筋混凝土塔的安装方法

钢筋混凝土塔是常见的主塔形式，施工时主要依靠爬模、劲性骨架、对拉对撑、塔吊、电梯以及其他运送提升设备完成主塔修建任务，塔吊电梯布置见图3-2-35。塔柱沿高度方向一般以4～6 m为一节，首先施工底部塔柱2～3节，然后安装爬模就可以依次向上浇筑混凝土主塔直到塔柱封顶。

混凝土塔采用爬模法施工的主要步骤：下塔柱底节段施工→安装爬模及其他附属装置→爬模循环施工，直至塔柱施工完毕。如图3-2-36所示。

① 下塔柱底节段施工。下塔柱底节段施工一般采用大块模板，同时底节高度要满足安装爬模的尺寸要求。

② 安装爬模及其他附属装置。安装架体、模板系统，安装劲性骨架，绑扎塔柱钢筋，浇筑本节段塔柱混凝土。有条件时可安装塔柱旁的塔吊及供施工人员上下的电梯。

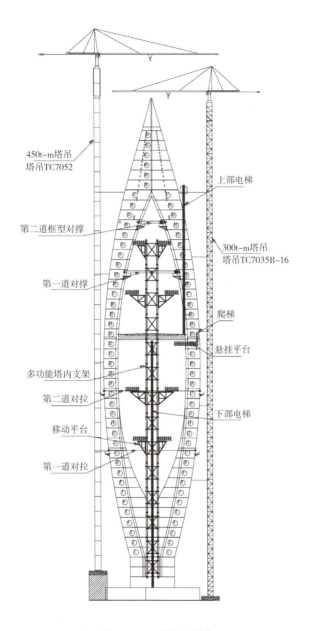

■ 图3-2-35 塔吊电梯布置

③ 爬模循环施工。安装爬升用导轨和液压系统,将爬架及模板向上顶升一个节段,模板回复至设计位置,接长劲性骨架和主塔钢筋,依次浇筑塔柱混凝土直至塔顶。主塔间的横梁可采用同步施工及异步施工法,斜拉桥的斜拉索孔道应错开分节线,其孔道定位采用专用定位架以保证位置准确。

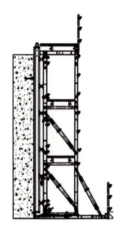 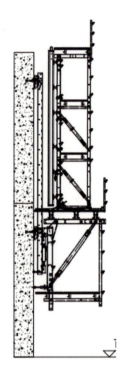 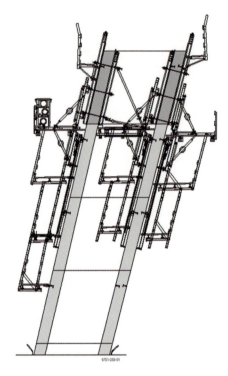

（a）下塔柱底节段施工　　（b）安装爬模及其他附属装置　　（c）爬模循环施工

■ 图3-2-36　主塔施工的主要步骤

小贴士：爬模

爬模由模板、施工平台及顶升系统组成，是施工于墙体、筒形结构及墩塔等高耸构筑物的比较高效的施工装备。其顶升系统为多台液压千斤顶联动。

二、主梁的修建方法

（一）什么是主梁

主梁通常是指承受人群、汽车或火车荷载的直接受力构件，其结构要满足自重、车辆行人及风振等荷载的设计要求。

（二）主梁的分类

主梁按材料分主要有混凝土梁、钢梁等。如今，组合梁充分利用各自的材料优势，使主梁结构更加合理。另外，景观桥的玻璃栈桥（图3-2-37）、冲浪浮桥等拓宽了人们对桥梁的认识，让人们在游玩中体会不一样的"天堑通道"。

■ 图3-2-37　广东清远玻璃栈桥

主梁如果细分还有许多种类，比如混凝土梁按截面形式分空心板梁、T梁、箱梁等。随着现代化桥梁的技术发展，装配式桥梁得到了极大应用。从20世纪90年代开始，24 m、32 m、40 m的预应力混凝土箱梁在我国高速铁路桥梁中应用十分广泛。而造价较高的钢梁一般适用于大跨度桥梁。主梁按截面也可分为钢箱梁、钢桁梁、钢板梁等。

（1）混凝土梁。

图3-2-38所示为山东鄄城黄河公路大桥11孔120 m主跨的波形钢腹板的预应力混凝土箱梁，图3-2-39所示为正在架设的混凝土T梁，图3-2-40所示为铁路预应力混凝土箱梁。

（2）钢梁。

图3-2-41所示为武汉长江大桥钢桁梁，图3-2-42所示为主跨1092 m的沪通铁路长江大桥钢桁梁，图3-2-43所示为目前在建的最宽桥面（箱梁宽63.9 m、高5 m）的川南城际铁路临港长江大桥钢箱梁。

■ 图3-2-38 山东鄄城黄河公路大桥预应力混凝土箱梁

■ 图3-2-39 预应力混凝土T梁

第三章　桥梁的建造方法

■ 图3-2-40　铁路预应力混凝土箱梁

■ 图3-2-41　武汉长江大桥钢桁梁

■ 图3-2-42　沪通铁路长江大桥钢桁梁

■ 图3-2-43　川南城际铁路临港长江大桥钢箱梁（效果图）

（三）主梁的建造方法

桥梁主梁的建造方法一般根据现场条件、材料资源及机械装备进行选择，常见的有支架法、拼装法、顶推法、转体法和整体架设法。

1. 支架法

支架法是在桥位处搭设好支架作为支撑体系，混凝土主梁或钢梁的自重荷载连同施工荷载一并传递至地基或桥梁其他构件上，待桥梁上部结构成型后再拆除支架。根据支架的结构形式，支架法可分为满堂支架法、移动模架法、梁柱式支架法、组合支架法、悬臂浇筑法等。

（1）满堂支架法。

① 满堂支架法的特点及适用范围。满堂支架法是一种极为常见的施工方法，是在两墩身间按标准间隔，用密布搭设起支撑作用的承重支架，在立柱上铺设纵横向分配梁、模板，在形成的施工面上绑扎钢筋、浇筑梁体混凝土，待混凝土达到强度后拆除模板及支架，完成主梁施工。

满堂支架法适用于主梁距地面高度小于 20 m 以及其他有条件的情况下，在地基条件较好时优势更为明显。该方法具有周转次数多、周转时间短、辅助设备少、减少人力物资浪费等优点，适用于多跨现浇梁施工。

② 满堂支架的体系构造。满堂支架自下而上由支架基础、钢支架（含立柱及联结系）、卸落装置、分配梁、模板系统等组成（图 3-2-44）。

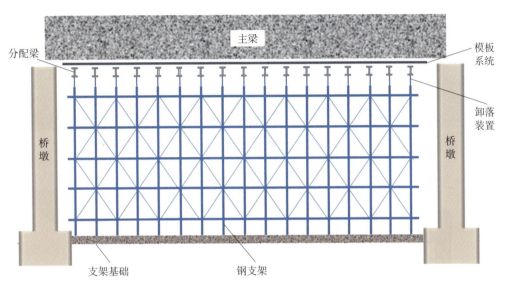

■ 图3-2-44　满堂支架结构示意图

③ 满堂支架的主要材料种类。满堂支架的钢管种类较多，早期的满堂支架为碗扣式、扣件式及门式架，目前常使用的满堂支架为盘扣式及 T60 塔式。

④ 满堂支架法的主要施工步骤：地基处理→钢管立柱、横杆、斜杆及顶底托安装→分配梁及模板安装→检查、预压试验及调整底模标高→绑扎钢筋及主梁混凝土浇筑→模板及支架拆除。

图 3-2-45 为常见的扣件式满堂支架，图 3-2-46 为承载力较大的盘扣式满堂支架。

（2）移动模架法。

① 移动模架法简介及适用范围。该技术于 19 世纪 50 年代起源于欧洲，现已在全世界应用，成为主要的造桥方法。有别于满堂支架，移动模架可以带着模板移动至下一个桥梁孔位继续施工，是一种桥梁专用施工装备。它能利用承台或墩柱作为支承，主要由支腿结构、承重梁、内外模板、提升结构等组成，具体构造见图 3-2-47。

■ 图3-2-45　扣件式满堂支架　　　　　　■ 图3-2-46　盘扣式满堂支架

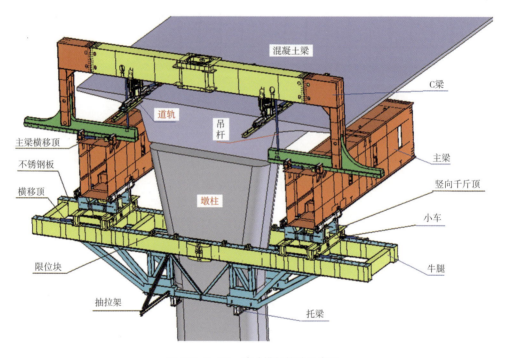

■ 图3-2-47　移动模架构造示意图

　　移动模架的适用桥梁跨度一般为 40～60 m，主流移动模架最大承重荷载约为 1800 t。承重主梁一般为钢箱梁，也有用高强拼装式钢桁梁组装的移动模架承重梁，其最大承重荷载为 3200 t。

　　跨越深山峡谷、江河湖海或既有交通线的较长桥梁，因地势陡峭、桥梁离地面高、在水中设置支架困难、投入大等问题，一般会选择移动模架施工。

② 移动模架法的工作原理。移动模架利用墩身或承台安装支腿结构，承重梁被前后支腿支撑，外模及模架安装在承重梁上，形成一个可以纵向移动的主梁建造平台。移动模架局部能横向分离，使其能够通过桥墩，前移至下一孔位继续完成主梁的混凝土施工。移动模架按承重梁结构与混凝土现浇主梁的相对位置可分为上行式移动模架和下行式移动模架。

上行式移动模架：移动模架承重梁位于混凝土现浇主梁上方，即为上行式移动模架（图3-2-48）。上行式移动模架由承重梁、吊车、模架、支承结构及移位结构5部分组成。主要特点：承重梁结构位于混凝土现浇主梁的上方，外模系统吊挂在承重梁上，承重梁系统通过前后支腿支撑在梁端、墩顶或承台上。过孔时，前方的外模系统横向打开形成空白区域，承重梁携外模通过桥墩，过墩后立即连接底模体系。优点：占用桥下净空小，对低矮桥墩的适用性强，且施工首跨和尾跨更方便（不需要拆除承重梁），能满足通过高压线等障碍物的净空要求。缺点：由于承重梁遮拦了混凝土主梁的上表面，所以，对混凝土现浇主梁的钢筋绑扎、内模安装、混凝土浇筑有一定的影响。

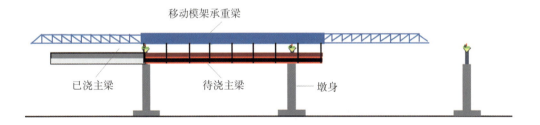

图3-2-48　上行式移动模架示意图

下行式移动模架：移动模架承重梁位于混凝土现浇主梁下方，即为下行式移动模架（图3-2-49）。下行式移动模架的结构组成与上行式移动模架基本相同。主要特点：承重梁结构位于混凝土现浇梁的下方。优点：适用于各种宽度的桥梁主梁，也适用于节段拼装施工，施工方便，脱模快速。缺点：移动模架占用桥下净空大，一般要求桥墩高度大于5m，无法直接通过桥间隧道。

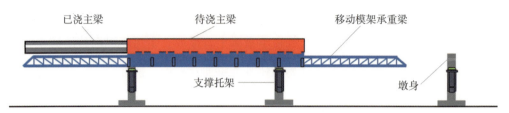

图3-2-49 下行式移动模架示意图

复合移动模架：2005年，由中铁大桥局研发的复合移动模架在武汉天兴洲长江大桥引桥混凝土箱梁中成功应用，其最大创新点是将下行式移动模架的承重结构与模板系统合二为一，既减轻了移动模架本身的自重，又降低了移动模架的走行高度。此类移动模架在行业内被逐步认可，并被定为第三类移动模架——复合移动模架。图3-2-50为采用此法进行武汉天兴洲长江大桥40 m混凝土铁路箱梁施工的实景图。

图3-2-50 复合移动模架

③ 移动模架法的主要施工步骤：移动模架在工厂内加工后运至现场组拼、预压试验→待浇主梁钢筋绑扎及预埋件安装→混凝土浇筑、养护→预应力张拉、移动模架落架及脱模→移动模架过孔，进行下一孔梁施工。上行式和下行式移动模架施工如图3-2-51、图3-2-52所示。

■ 图3-2-51 上行式移动模架施工

■ 图3-2-52 下行式移动模架施工

（3）梁柱式支架法。

① 梁柱式支架法的特点及适用范围。梁柱式支架是一种稀式布置立柱的支架形式，主要由钢管立柱、承重梁、模板系统组成。支墩立柱的间距根据主梁及基础承载力确定，这种方式适用于地质情况较差的陆地、跨既有线及河道等区域的桥梁施工。

② 梁柱式支架的体系构造。梁式支架自下而上由支架基础、支架立柱（含联结系）、支架卸落设备、主纵梁、横桥向分配梁、墩身及模板系统等组成（图3-2-53）。

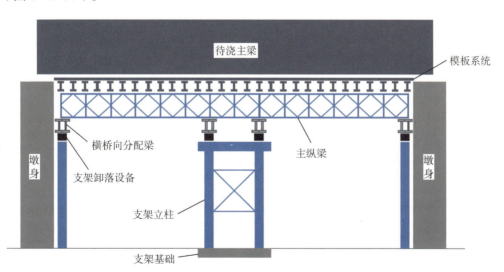
■ 图3-2-53 梁柱式支架结构示意图

③梁柱式支架的主要材料。支架立柱：钢管柱、型钢、军用墩等。主纵梁：贝雷梁、军用梁、大桥1号梁、万能杆件、型钢等。横桥向分配梁："工"字形钢、H形钢及焊接箱梁等。

④梁柱式支架法的主要施工步骤：支架基础施工→安装支架立柱及联结系等→支架卸落设备、横桥向分配梁及主纵梁安装→小分配梁及模板安装→支架检查、预压验收、调整底模标高→主梁现浇施工→模板及支架拆除。跨既有公路的主梁现浇施工如图3-2-54所示。

■ 图3-2-54　跨既有公路的主梁现浇施工

（4）组合支架法。

为了满足桥下车辆通行要求，出现了一种满堂支架与梁柱式支架相结合使用的施工方法，这种方式特别适用于平曲线和竖曲线的桥梁。当桥梁位于曲线段，且桥梁下方的通行不能中断时，就可以采用这种支架方式，其施工的主要步骤与上述两种方法相同。跨既有线的左右组合式支架结构如图3-2-55所示、变截面连续梁上下组合式支架结构如图3-2-56所示。

（5）悬臂浇筑法。

悬臂浇筑法是由德国工程师在修建预应力混凝土连续梁桥时创造的，之后被广泛应用在预应力混凝土T形刚构桥、连续刚构桥、斜拉桥等各种桥型中，其最大优点是不干扰桥下交通，避免高落地支架的安装。

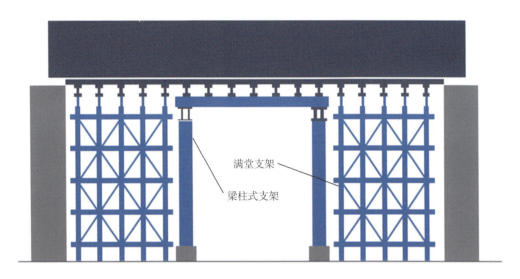

■ 图3-2-55 跨既有线左右组合式支架结构示意图

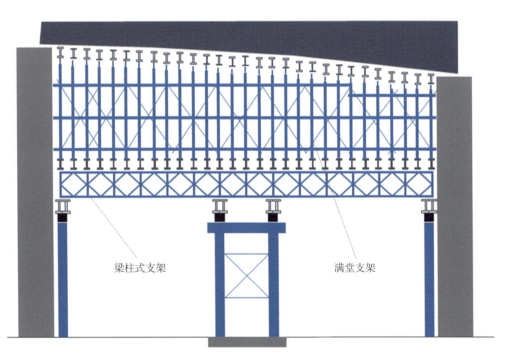

■ 图3-2-56 变截面连续梁上下组合式支架结构示意图

① 悬臂浇筑法专用设备。悬臂浇筑法的专用设备是一对能行走的挂篮。挂篮的承重结构支点设置并锚固于已浇筑的混凝土梁上，类似于吊着的篮子，因此俗称"挂篮"。其主要构件有承重结构、模板系统及锚固走行系统等。

挂篮按承重结构的形式分为桁架式（包括平弦式、菱形、弓弦式等）、斜拉式（包括三角斜拉式和预应力斜拉式等）、牵索式及混合式。

图3-2-57为菱形挂篮结构示意图，其承重结构为菱形桁架，承重支点为前支点受压及后锚固点受拉。

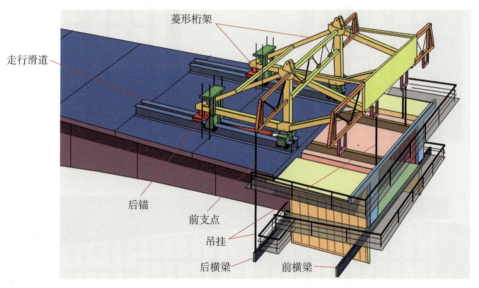

■ 图3-2-57　菱形挂篮结构示意图

图3-2-58为三角挂篮结构示意图，其承重结构为三角形桁架。

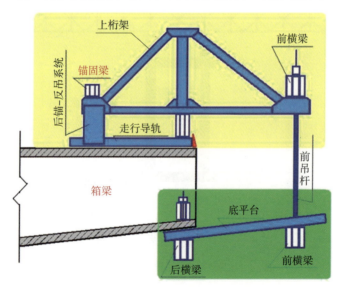

■ 图3-2-58　三角挂篮结构示意图

图 3-2-59 为弓弦式挂篮结构示意图,其承重主桁结构呈弓形,可根据受力大小确定。

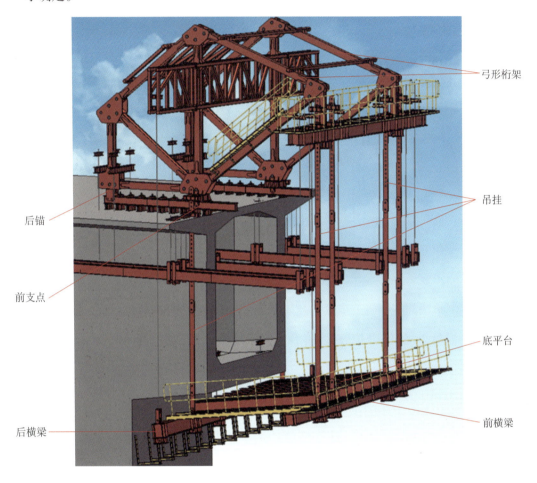

■ 图3-2-59　弓弦式挂篮结构示意图

图 3-2-60 为牵索式挂篮结构示意图,适用于混凝土主梁斜拉桥,主要由梁下的主纵承重梁、牵索系统、走行系统、锚固系统、模板系统及张拉平台等部分组成。其结构特点：利用主体结构前端斜拉索作为挂篮的支承,主纵梁中部设置止推结构锚固于梁底预留孔内。这种方式的单次悬浇节段长度一般为 6～8 m。

② 悬臂浇筑法的主要施工步骤。悬臂浇筑法主要有四大工序：主墩墩顶现浇段（0 号块或 0～1 号块）,挂篮悬浇施工,边墩墩顶直线段、合龙段施工和体系转换。

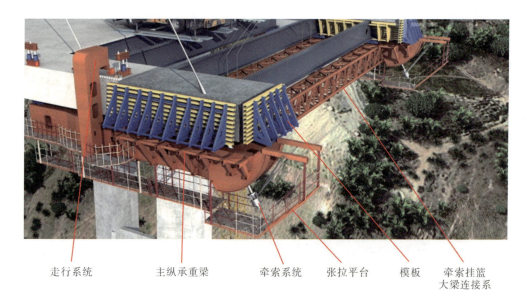

■ 图3-2-60 牵索式挂篮结构示意图

悬臂浇筑法的主要施工步骤：挂篮安装→线形监测与底、外模调整→钢筋及内模安装→混凝土浇筑、养护→拆模、预应力张拉及孔道压浆→降落底模、挂篮前移进入下一个循环。

图3-2-61、图3-2-62所示为悬臂浇筑法施工现场。

■ 图3-2-61 悬臂浇筑法施工现场（崔家营汉江特大桥主梁）

第三章　桥梁的建造方法

■ 图3-2-62　悬臂浇筑法施工现场（摩洛哥穆罕默德六世大桥主梁）

2.拼装法

拼装法主要有悬臂拼装法和悬吊拼装法。

（1）悬臂拼装法。

悬臂拼装法的最大特点是主梁已在工厂预制成节段或杆件，现浇利用吊装设备将预制好的节段进行拼装。混凝土主梁和钢梁均可采用这种建造方式。

① 混凝土主梁悬臂拼装法。混凝土主梁悬臂拼装法是将悬臂主梁节段在桥位附近的预制场预制好，当下部结构施工完成后，将预制节段运输至桥位，利用架桥机或桥面吊机将预制节段从一端或从两端悬臂起吊至设计位置，然后拼接施加预应力，使其逐段向前延伸形成整孔主梁。图3-2-63为混凝土主梁悬臂拼装法的一般步骤示意图。图3-2-64为混凝土主梁悬臂拼装法施工现场。

混凝土主梁悬臂拼装法主要步骤如下：墩顶0号（或0～1号块）浇筑及墩梁锚固→拼装架桥机或桥面吊机→吊装梁段就位→吊机前移进入下一个循环至悬拼完成→合龙段施工→体系转换。

混凝土主梁悬臂拼装法优点：比悬臂浇筑法施工工期短，减少成桥后混凝土收缩徐变；缺点：施工所需起重设备多且型号大，需设置预制场，节段对接施工要求高。

179

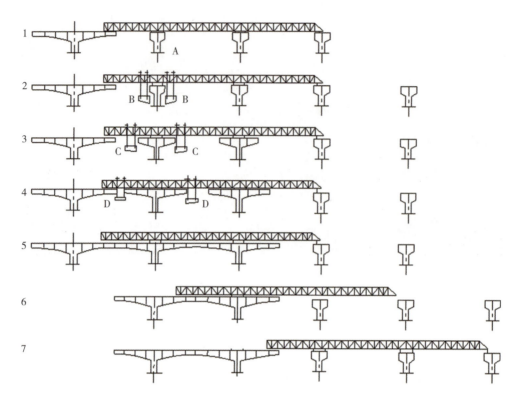

■ 图3-2-63 混凝土主梁悬臂拼装法的一般步骤

■ 图3-2-64 悬臂拼装法施工现场（嘉绍跨海大桥北引桥混凝土主梁）

② 钢箱梁悬臂拼装法。钢箱梁悬臂拼装法施工是将钢箱梁分节段在工厂加工好，当下部结构施工完成后，将加工好的节段运输至桥位，利用桥面吊机或其他起重设备将钢箱梁节段向一端或向两端悬臂起吊，吊装到位后与已架梁段焊接，再逐段延伸形成整体。该施工方法适用于斜拉桥、斜拉悬索组合体系桥。

钢箱梁悬臂拼装法主要步骤如下：墩顶钢梁节段→拼装架梁吊机、试吊→梁段运输至桥位下放→节段起吊、对位→接头处理→架梁吊机前移、挂设张拉斜拉索→进入下一个循环→悬拼施工结束→合龙段施工→体系转换。图3-2-65 所示为施工现场。

■ 图3-2-65　悬臂拼装法施工现场（芜湖长江公路二桥钢箱梁）

③ 钢桁梁是一种杆系结构，杆件主要以受拉及受压为主。钢桁架由上弦杆、下弦杆、腹杆及平面联结系等组成，正面主桁一般由 2 片或 3 片平面桁架形成空间

受力桁架，平面桁架间设置联结系，根据车辆通行需要可在钢桁梁上、下弦平面设置不同的桥面系。

钢桁梁悬臂拼装法主要施工步骤：安装墩旁托架→安装托架顶临时支座→拼装墩顶范围内钢桁梁→拼装墩顶范围内钢桁梁桥面板→安装架梁吊机、试吊→悬臂拼装钢桁梁并同时安装斜拉索→边、中跨合龙→安装正式支座→拆除墩旁托架→拆除架梁吊机→调整全桥线形→二期恒载施工。

根据起吊设备吊重能力的大小，钢桁梁悬臂拼装施工主要有单杆件式悬臂拼装法、桁片式悬臂拼装法、整节段悬臂拼装法及扣缆塔辅助的悬臂拼装法。

a. 单杆件式悬臂拼装法：早期的钢桁梁安装受运输及吊装设备限制，基本上采用散件逐根拼装而成。单杆件悬臂拼装时，杆件自身质量一般较轻（20～30 t），所用设备为50 t全回转桥面吊机。架梁吊机散件拼装钢桁梁采用了"化整为零、积零为整"的思想。由于吊重不大，对架梁吊机的要求不高，施工组织难度小，属于一种经济的建桥方法，所以一直沿用至今。

单杆件式悬臂拼装法施工的拼装顺序：安装钢桁梁下弦杆→安装斜杆形成三角形稳定结构→安装竖杆→安装上弦杆→安装下弦桥面系→安装上弦桥面系。图3-2-66至图3-2-68为单杆件式悬臂拼装法施工现场。

■ 图3-2-66　单杆件式悬臂拼装法施工现场
　　（武汉长江大桥钢桁梁）

■ 图3-2-67　单杆件式悬臂拼装法施工现场
　　（南京长江大桥钢桁梁）

■ 图3-2-68　单杆件式悬臂拼装法施工现场（黄冈长江大桥钢桁梁）

b.桁片式悬臂拼装法：钢桁梁单杆件式悬臂拼装具有灵活、方便的优点，但散件数量多，拼装接头多，现场工作量大。建桥工程师发明了桁片式拼装方法，就是将主梁杆件制造成一个梁片（包括主梁的上下弦杆及腹杆等），这样可大大减少现场起吊与拼装的次数，从而加快桥梁建造速度。

桁片式悬臂拼装法施工的拼装顺序：安装主桁片→安装下弦桥面系→安装横联桁片→安装上弦桥面系。图3-2-69、图3-2-70为桁片式悬臂拼装法施工现场。

■ 图3-2-69　桁片式悬臂拼装法施工现场
（日本明石海峡大桥钢桁梁）

■ 图3-2-70　桁片式悬臂拼装法施工现场
（铜陵长江大桥钢桁梁）

c. 整节段悬臂拼装法：采用桁片式和整节段架设均是近二十年来涌现出的新的建桥方法。为保证钢梁架设的安全和质量，加快安装速度，整节段架设从单节段架设发展到双节段架设。

整节段悬臂拼装法施工的拼装顺序：钢桁梁整节段运输至桥位→架梁吊机起吊、对位→下弦杆对接→斜杆及上弦杆对接或上弦杆及斜杆对接→下弦桥面系对接→上弦桥面系对接。图3-2-71、图3-2-72为整节段悬臂拼装法施工现场。

■ 图3-2-71 整节段悬臂拼装法施工现场（天兴洲长江大桥钢桁梁）　　■ 图3-2-72 整节段悬臂拼装法施工现场（沪苏通长江大桥钢桁梁）

d. 扣缆塔辅助的悬臂拼装法：为减小钢桁梁或钢桁拱在主梁安装时的应力和变形，可以辅以扣缆塔，从而保证施工安全。图3-2-73、图3-2-74分别为钢桁梁桥和钢桁拱桥扣缆塔辅助的悬臂拼装示意图，图3-2-75、图3-2-76为扣缆塔辅助的悬臂拼装法施工现场。

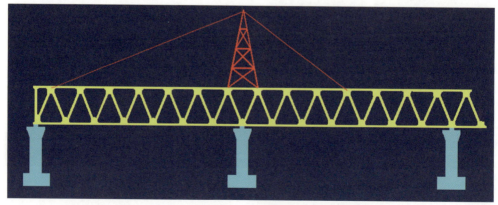

■ 图3-2-73 钢桁梁桥扣缆塔辅助的悬臂拼装示意图

第三章 桥梁的建造方法

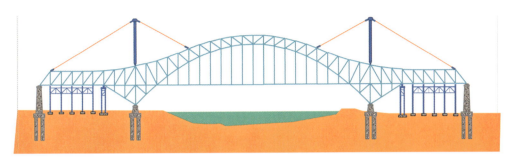

■ 图3-2-74 钢桁拱桥扣缆塔辅助的悬臂拼装示意图

■ 图3-2-75 扣缆塔辅助的悬臂拼装法施工现场（芜湖长江大桥钢桁梁）

■ 图3-2-76 扣缆塔辅助的悬臂拼装法施工现场（南京大胜关长江大桥钢桁拱）

（2）悬吊拼装法。

在桥梁施工中，悬吊拼装法一般指悬索桥加劲梁架设采用缆载起重机或缆索吊机，将加劲梁起吊至桥面高度，将吊索与梁段连接起来，解除吊机的吊点，缆载吊机重复进行下一个循环。悬索桥加劲梁悬吊拼装法一般从跨中向边或从主塔向跨中方向拼装。图3-2-77、图3-2-78为悬吊拼装法施工现场。

■ 图3-2-77 悬吊拼装法施工现场
（鹦鹉洲长江大桥钢箱梁）

■ 图3-2-78 悬吊拼装法施工现场
（杨泗港长江大桥钢桁梁）

3.顶推（或拖拉）法

（1）顶推施工布置。

桥梁跨越既有线、重要建筑物和面临复杂地形条件时，通常采用顶推法施工。顶推法是在第二次世界大战期间产生的，20世纪60年代首次被应用在桥梁结构的施工当中，目前已成为桥梁工程中一项重要的施工方法。根据主梁的结构形式，顶推法可分为预应力混凝土梁顶推、钢箱梁顶推和钢桁梁顶推。

顶推系统一般包括组拼区（混凝土桥为预制区）、主梁、导梁、临时墩、墩顶滑动装置、顶推动力装置及导向纠偏装置等（图3-2-79）。

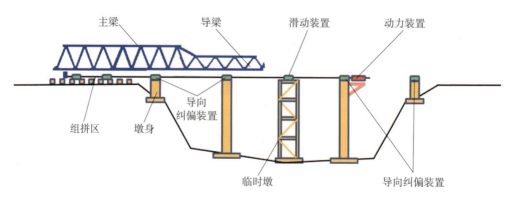

■ 图3-2-79 顶推系统布置示意图

（2）顶推法主要施工步骤。

顶推法主要施工步骤如图3-2-80所示。

① 顶推及拼装平台施工，包括安装垫块（滑块）、导梁、顶推动力装置等［图3-2-80（a）］。

② 顶推导梁节段，起顶导梁节段，将滑块倒换至初始位置，拼装主梁节段（或浇筑主梁节段）［图3-2-80（b）］。

③ 顶推导梁主梁首节段，起顶主梁节段，将滑块倒换至初始位置，拼装下一个主梁节段（或浇筑下一个主梁节段）［图3-2-80（c）］。

④ 循环顶推至全部主梁就位［图3-2-80（d）］。

⑤ 拆除导梁，调整主梁线形，落梁，安装正式支座，拆除临时结构，完成主梁顶推施工［图3-2-80（e）］。

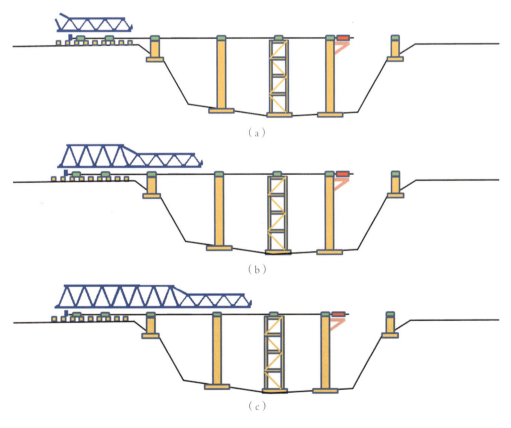

■ 图3-2-80 顶推法的主要施工步骤

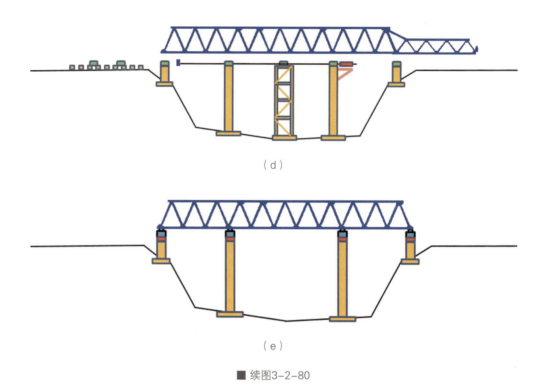

（d）

（e）

■ 续图3-2-80

图 3-2-81 至图 3-2-84 为顶推法施工现场。

■ 图3-2-81　顶推法施工现场（深圳地铁6号线跨龙大高速混凝土连续梁）

第三章　桥梁的建造方法

■ 图3-2-82　顶推法施工现场（武汉青山大桥钢箱梁）

■ 图3-2-83　顶推法施工现场（九堡大桥梁钢拱组合体系）

■ 图3-2-84　顶推法施工现场（杭绍台铁路椒江大桥钢桁梁）

4.转体法

转体法是20世纪40年代以后发展起来的主梁施工方法，它能充分利用地形条件，减少对既有线的影响。一般的做法是将桥梁从跨中分成两个半跨，通过转体牵引分别将两个半跨桥转体到设计位置后进行跨中合龙。

转体方式根据转动的平面方位分为水平转体法、竖向转体法和平竖转结合转体法。

（1）水平转体法。

水平转体的转动面为水平面，它主要由平衡体系、转动牵引和支承体系组成。水平转体法施工示意见图3-2-85。根据是否增加平衡重，水平转体又分为平衡重转体和非平衡重转体。

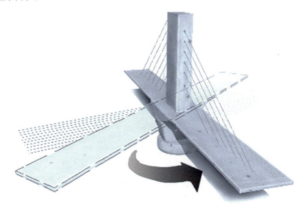

■ 图3-2-85　水平转体法施工示意图

平衡重转体是指将桥梁整跨或从跨中分为两个半跨，利用地形搭设支架并制作好待转体主梁（预制或现浇），在桥墩（台）处设置转盘，转动体系的重心基本落在转盘转动中心，利用转动设施牵引转盘转动。这种方式在跨既有线的桥梁施工中应用最多。

> 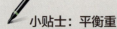 小贴士：平衡重
>
> 平衡重：又叫平衡配重，当悬臂结构两侧重量不相等时，为保证结构中心稳定而人为设置的压重物体。压重物一般采用混凝土块或钢块，常用在水平转体、双悬臂等施工过程中。

非平衡重转体施工主要是针对特殊条件下的拱桥施工,将转体施工中的拱圈扣索拉力由锚碇通过锚固措施形成转体的平衡体系,其施工示意见图3-2-86。

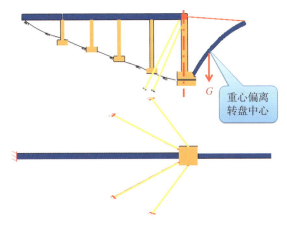

■ 图3-2-86 非平衡重转体施工示意图

图3-2-87、图3-2-88分别为平衡重转体和非平衡重转体施工现场。

■ 图3-2-87 平衡重转体施工现场
（武汉姑嫂树立交桥）

■ 图3-2-88 非平衡重转体施工现场
（涪陵乌江大桥）

（2）竖向转体法。

竖向转体法的基本原理是在桥轴线组装或现浇待转结构,利用拉索牵引主体结构在竖直平面内转动至设计位置,其施工示意见图3-2-89。

竖向转体体系一般由索塔、拉索及收放牵引系统等组成。竖向转体根据转动体系的转动方向（自下而上、自上而下）可分为升位竖向转体和降位竖向转体,根据转动体系的转动次数又可分为一次竖向转体和二次竖向转体。

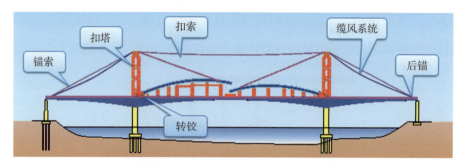

图3-2-89 竖向转体法施工示意图

竖向转体法主要施工步骤如图 3-2-90 所示。

① 架上施工好被竖向转体的构件，安装竖向转体拉索及锚固控制系统，竖向转体构件提升脱离支架［图 3-2-90（a）］。

② 选择良好的天气进行正式的竖向转体施工［图 3-2-90（b）］。

③ 正式竖向转体到位后，观测合龙口在气温下的变化，准备合龙段施工［图 3-2-90（c）］。

④ 合龙段施工［图 3-2-90（d）］。

⑤ 合龙段施工后，竖向转体铰固结施工，拆除竖向转体系统临时结构，进行后续施工［图 3-2-90（e）］。

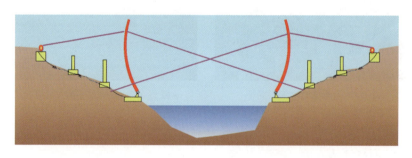

(a)

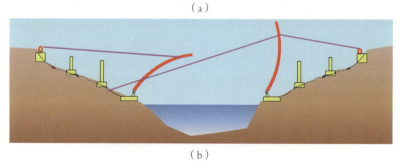

(b)

图3-2-90 竖向转体法主要施工步骤

第三章 桥梁的建造方法

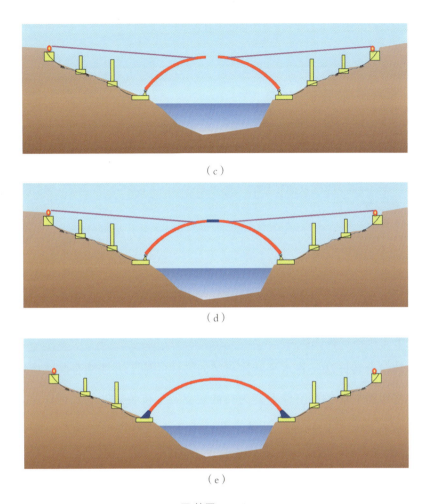

（c）

（d）

（e）

■ 续图3-2-90

图3-2-91、图3-2-92为竖向转体法施工现场。

■ 图3-2-91 二次竖向转体施工现场（澜沧江特大桥）

■ 图3-2-92 竖向转体法施工现场（沪通长江大桥专用航道桥）

（3）平竖转结合转体法。

平竖转结合转体法是将水平转体与竖向转体的施工方法结合起来应用，通过竖向转体将组拼拱肋的高空作业变为在低矮支架上拼装拱肋的低空作业，通过水平转体完成对障碍物的跨越，此种工艺适用于大跨度拱桥的施工。图3-2-93、图3-2-94为平竖转结合转体法施工现场。

■ 图3-2-93 平竖转结合转体法施工现场（广东佛山东平大桥）

■ 图3-2-94 平竖转结合转体法施工现场（广州丫髻沙大桥）

▎▍5.整体架设法

整体架设法是装配化施工的主要模式。首先将主梁结构在工厂内整体制造成型，然后运输到桥位处，再采用专用设备整体安装。整体架设按照吊装设备的类型分为架桥机整体架设和吊船整体架设。

（1）架桥机整体架设。

图3-2-95所示为架桥机整体架设主要施工步骤。

① 架桥机安装就位，整孔主梁（包括T梁、箱梁）在预制场预制好，通过运梁车运至待架区［图3-2-95（a）］。

② 运梁车进行喂梁施工［图3-2-95（b）］。

③ 架桥机进行架梁施工［图3-2-95（c）］。

④ 待架主梁落梁就位后，支座施工，架桥机纵移过跨进行下一孔主梁施工［图3-2-95（d）］。

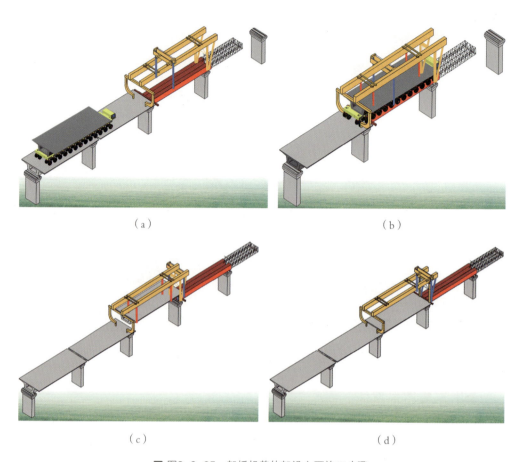

■ 图3-2-95 架桥机整体架设主要施工步骤

图3-2-96、图3-2-97为架桥机整体架设施工现场。

■ 图3-2-96 架桥机整体架设施工现场（混凝土T梁）

■ 图3-2-97 架桥机整体架设施工现场（混凝土箱梁）

（2）吊船整体架设。

图3-2-98为吊船整体架设主要施工步骤。

① 待架主梁在梁场预制好，从场内转运至码头，吊船进港取梁，并载梁航行至桥位［图3-2-98（a）］。

② 吊船进行抛锚、提梁、对位、落梁施工，吊船退出、返航，进行下一孔梁架设［图3-2-98（b）］。

（a）取梁、运梁

■ 图3-2-98 吊船整体架设主要施工步骤

(b)落梁施工
■ 续图3-2-98

图3-2-99、图3-2-100为吊船整体架设施工现场。

■ 图3-2-99 吊船整体架设施工现场
（东海大桥混凝土箱梁）

■ 图3-2-100 吊船整体架设施工现场
（平潭海峡公铁大桥钢桁梁）

三、桥梁索束

（一）什么是索束

索束是一种柔性结构，它只能承受拉力。目前，索束标准抗拉强度已达到2000 MPa，为普通钢材的4.0～8.5倍。对于大跨度的斜拉桥和悬索桥而言，超高强度的索束结构是重要的承重构件。

对于斜拉桥而言，斜拉索主要有单根钢绞线、平行钢丝束、钢绞线束、封闭式钢缆，如图 3-2-101 所示。高强平行钢丝及钢绞线由于强度高，并且具有工厂制造、安装架设方便、易于锚固等优点，已成为现代斜拉桥主要的拉索结构。

 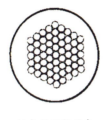 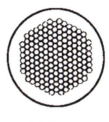 

（a）单根钢绞线　　　（b）平行钢丝束　　　（c）钢绞线束　　　（d）封闭式钢缆

■ 图3-2-101　斜拉索的基本类型

我国常用的制索材料主要为 5～7 mm 的高强度钢丝。单根钢绞线由多根高强度钢丝绞合而成，而钢绞线束是多根钢绞线平行或经轻度扭绞而成。平行钢丝束是将若干根钢丝平行并拢，同心同向作轻度扭绞（扭绞角 2°～4°），再用包带扎紧，最外层直接挤裹 PE（聚乙烯）护套作为防护。

对于悬索桥而言，主缆的每根镀锌钢丝的直径一般为 5 mm 左右。根据缆索受力大小和钢丝的强度确定需要的钢丝数量，而每束锚固钢丝的根数则要根据主缆架设方法确定。一般采用空中纺线法（AS 法）架设的束股可达 300～500 根钢丝，而采用预制平行索股法（PPWS 法）架设的束股一般根据跨度和拽拉设备能力等确定，每股钢丝束可采用 61、91、127、169 根等组成稳定的六边形，如图 3-2-102 所示。

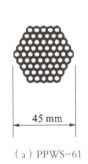 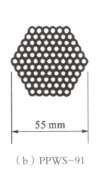 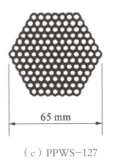 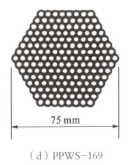

（a）PPWS-61　　　（b）PPWS-91　　　（c）PPWS-127　　　（d）PPWS-169

■ 图3-2-102　主缆束股示意图

(二) 斜拉桥的斜拉索安装方法

一般索束均为成品构件,由制造工厂直购至现场安装,安装分为挂索和张拉两个阶段。挂索是将索的两端分别穿入梁上和塔上预留的索孔,并初步固定在索孔端面的锚板上;张拉是用千斤顶对斜拉索的索力进行调整,其大小由设计和监控单位根据线形确定。

大部分斜拉桥都采用塔上张拉的方式,也有部分斜拉桥采用梁上张拉。若斜拉索在梁端张拉,则先将索在塔端安装;反之,则先在梁端安装。在梁端安装与在塔端安装的步骤基本相同。

1.平行钢丝索斜拉索的安装方法

通常将成品索采用钢结构索盘将索卷盘,然后运输至工地,提升到梁面后,利用索盘进行放索,如图 3-2-103、图 3-2-104 所示。

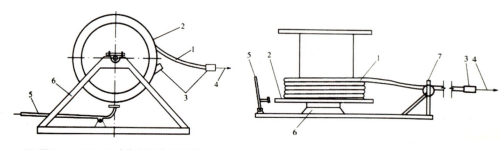

■ 图3-2-103 立式索盘放索示意图　　■ 图3-2-104 水平索盘放索示意图
1—拉索;2—索盘;3—锚头;4—卷扬机牵引;　　1—拉索;2—索盘;3—锚头;4—卷扬机牵引;
　5—制动装置;6—支架　　　　　　　　　　　5—制动装置;6—托盘;7—导向滚轮

为了避免索在移动过程中与桥面等直接接触而受到损坏,当索上桥面后,以索不接触桥面为原则,每隔一定距离放置一个单轴放索小车,由放索小车载索前移。图 3-2-105 所示为梁面放索施工现场。

平行钢丝索两端配有锚具,挂索时借助卷扬机,将锚具拉出索孔后固定。

当索长大于 100 m、重力超过 50 kN 时,直接用卷扬机将锚具拉出洞口有一定困难。这时,可以将张拉用的刚性连接杆先装在斜拉索锚具上,用卷扬机拉至连接杆露出千斤顶的后方,由千斤顶接替卷扬机继续牵引,完成挂索。

■ 图3-2-105　梁面放索施工现场

对于较长较重的斜拉索，由于卷扬机的牵引力有限，刚性连接杆的长度需要相应加大，可以由几节组成，千斤顶拉出一节，便卸去一节。

对于特长特重的斜拉索，刚性连接杆的长度也不能太长，可以在塔上的索孔中先穿入一束由若干根钢绞线组成的柔性牵引索，并在千斤顶上附设一套钢绞线束的牵引装置。卷扬机将拉索提升至连接杆到达索孔入口附近，与柔性牵引索连接，利用千斤顶将连接杆拉入索孔，如图3-2-106所示。

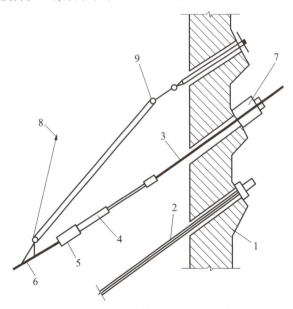

■ 图3-2-106　斜拉索分步牵引示意图

1—索塔；2—已安装斜拉索；3—柔性牵引索；4—刚性连接杆；5—拉索锚头；
6—待安装斜拉索；7—千斤顶；8—卷扬机牵引；9—滑轮

2.钢绞线斜拉索的安装方法

钢绞线斜拉索索体一般由多股无黏结高强度低松弛平行镀锌钢绞线组成，外层装有HDPE（高密度聚乙烯）护套管。相对于平行钢丝斜拉索的笨重，钢绞线斜拉索的"单根安装，单根张拉"的施工技术就显得非常轻松。另外，平行钢丝斜拉索需要整根拉索进行调索或换索，施工相对困难，而平行钢绞线斜拉索是一根根钢绞线独立锚固的，可以单根钢绞线调整索力，也可以逐根钢绞线进行换索。但平行钢绞线斜拉索对施工技术水平要求较高，施工前和施工过程中均需要进行详细、准确、科学的施工计算和施工控制。

对于钢绞线斜拉索，在挂索时要先将斜拉索的HDPE护套管悬挂起来，然后逐根穿入钢绞线，用单根张拉的小型千斤顶调整好每根钢绞线的初始拉力，最后用群锚千斤顶整体张拉。钢绞线斜拉索挂索如图3-2-107所示。HDPE护套管安装实物如图3-2-108所示。

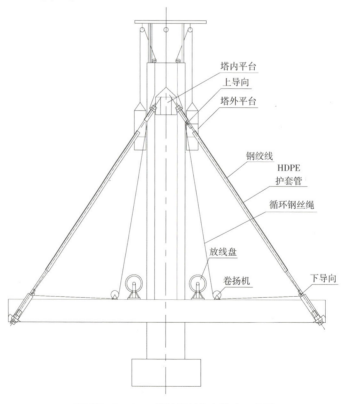

■ 图3-2-107　钢绞线斜拉索挂索示意图

图3-2-108　HDPE护套管安装实物

(三) 悬索桥主缆的安装方法

悬索桥的主缆是悬索桥的重要受力构件,为便于紧缆后将主缆压挤为圆形,减少主缆的孔隙率,主缆截面通常按照六边形或者近似六边形配置、排列。

主缆根据其不同架设方式也可分为空中纺线法(AS法)和预制平行索股法(PPWS法),采用这两种方法架设的主缆截面如图3-2-109所示。前者多在美国和欧洲等地采用,后者多在中国和日本等亚洲国家采用。架设主缆都要先进行猫道的安装。

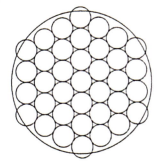 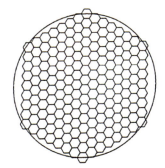

(a) AS法主缆架设截面　　　　(b) PPWS法主缆架设截面

图3-2-109　主缆截面

AS法的特点是主缆钢丝逐根牵引或几根（一般最多4根）一起牵引，然后编束。相对于PPWS法而言，其所用牵引机械动力较小，而且可以编成较大的索股，因而锚头数量可以少些，但其设备一次性投资较大，而且制缆的质量相对于PPWS法要低，空中作业时间也相对较长。

PPWS法的特点是制缆质量高，但牵引系统所需动力相对较大。

1. 猫道架设

悬索桥主缆架设前，需要在两侧锚碇、主塔之间设置施工临时通道，其结构断面呈U形，狭长，走在上面摇摇晃晃的，故称为"猫道"。猫道是悬索桥上部构造施工最重要的高空工作通道和临时作业场地，线形平行于主缆线形。在主缆施工期间，猫道作为索股牵引、调整、主缆紧固、主缆缠丝防护等施工的作业平台。猫道的主要组成部分如图3-2-110所示。

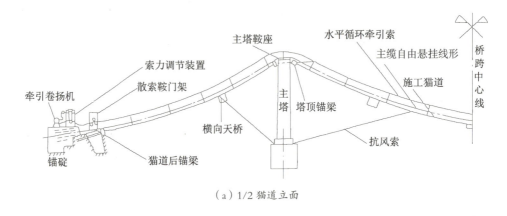

（a）1/2猫道立面

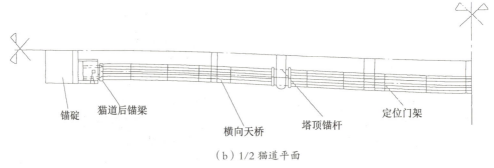

（b）1/2猫道平面

■ 图3-2-110 猫道示意图

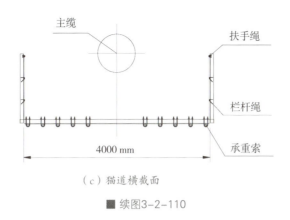

(c) 猫道横截面

■ 续图3-2-110

图 3-2-111 为杨泗港长江大桥猫道安装施工现场。

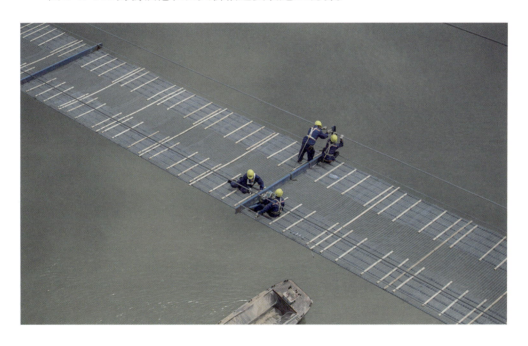

■ 图3-2-111　杨泗港长江大桥猫道安装施工现场

2.空中纺线法（AS法）

空中纺线法是用纺轮在两端锚碇的靴跟间将钢丝反复展放成环状的一束，然后再将数十束钢丝捆扎成一根主缆。纺轮每次可带1根钢丝，也可带几根（一般最多4根）。空中纺线法送丝工艺如图 3-2-112 所示。

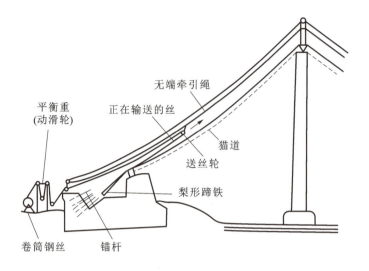

■ 图3-2-112 空中纺线法送丝工艺示意图

3.预制平行索股法（PPWS法）

预制平行索股法是在工厂将钢丝制成束，用卷筒运至桥位，安装在一侧锚碇的钢丝束卷轮上，通过液压无级调速卷扬机，用拽拉器将钢丝束一端吊起拉向对岸。每根钢丝束都要进行张拉、移设就位、固定和调整，最后用紧缆机将钢丝束挤紧为圆形，形成主缆。因此，主缆安装分为索股架设、索股挤紧和主缆防护三个阶段。

（1）索股架设：将在工厂制造好的一根根索股通过牵引装置安装到塔顶的索鞍里。某桥索股牵引系统如图3-2-113所示。

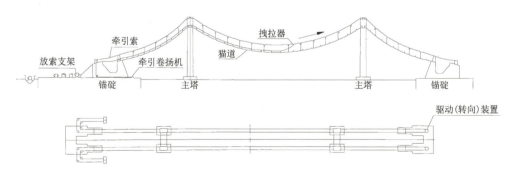

■ 图3-2-113 某桥索股牵引系统示意图

（2）索股挤紧：由专制的挤紧机将安装好的较松散的索股压紧成密实的圆形截面。主缆挤紧如图 3-2-114 所示。主缆紧缆前后的截面比较如图 3-2-115 所示。

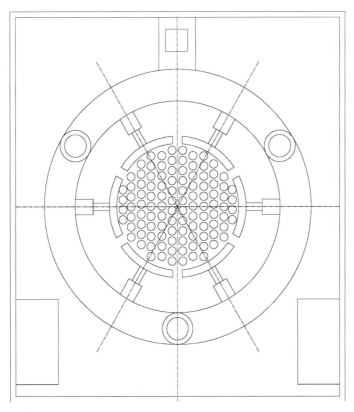

■ 图3-2-114 主缆挤紧

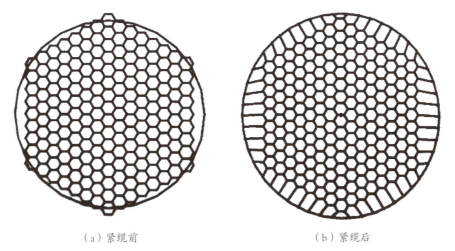

（a）紧缆前　　　　　　　　　　（b）紧缆后

■ 图3-2-115 主缆紧缆前后的截面比较

（3）主缆防护：将镀锌钢丝通过专制的缠丝机把挤紧后的主缆密布缠绕后，再用其他涂装产品制作成主缆的防护外衣。根据国内外悬索桥的施工实例，缠丝的开始时间可在桥面铺装之前或之后，关键是要根据缠丝后主缆的缆径变化合理确定缠丝机的张力。图3-2-116所示为主缆缠丝机作业。

■ 图3-2-116　主缆缠丝机作业

第四章　桥梁的运营与维护

Q

IAOLIANG DE YUNYING YU WEIHU

桥梁建造完成后，一般由专门的管理部门接手，负责桥梁的养护管理，保障桥梁的正常使用，也就是桥梁的运营与维护工作。

桥梁的运营与维护，根本目标是"维持行驶畅通、保障结构安全"，总体原则是"预防为主，防治结合"，重心是"桥面通行的舒适性"，关注重点是"承重结构的安全性"，实施模式是"安全性、舒适性、耐久性"三者兼顾的全面管养。

如何保障桥梁的畅通和安全？首先，作为桥梁运营与维护的主体责任单位，桥梁管养部门的高效管理至关重要；其次，具有相应资质的检测、设计、施工等专业队伍的技术支撑不可或缺；再次，与交通运输、道路执法、海事航道等相关部门的支持配合密不可分。

第一节　检查评定

桥梁的检查评定是保障桥梁畅通安全的基础工作。通过检查了解桥梁在结构安全、行车舒适、使用耐久等方面存在的缺陷、病害或隐患，并根据检查情况评定桥梁的技术状况，提出养护维修、加固改造等运营维护的建议，为桥梁管养提供具有科学性、针对性的第一手数据及材料，作为管养决策的重要依据。由此可知，桥梁检查的主要目的和作用是防患于未然，及时发现桥梁存在的问题，掌握桥梁的当前状况，为桥梁的运营与维护决策提供科学和专业的技术支持。

从检查内容、检查深度、检查目的等综合因素的角度考虑，桥梁的检查评定可分为经常检查、定期检测、特殊检定。

一、经常检查

桥梁的经常检查就好比社区医生对居民日常的感冒、头疼等健康状况的常规性普通检查与诊断，其目的主要是查看桥梁外观出现的不正常、破损等表面缺陷及病害。

第四章 桥梁的运营与维护

经常检查也叫日常检查,是对桥梁的表观缺陷、异常变形等开展的日常常规巡查,一般由桥梁管养的技术人员承担(图4-1-1)。检查频率根据桥梁当前的技术状况而定,正常情况下每月不得少于一次,如遇台风、洪水、外部撞击等极端气候或突发事件时,就须加大检查频率。

(a)锚头检查

(b)桥下检查

(c)远处观察

(d)接近查看

■ 图4-1-1 管养人员日常检查

经常检查主要采用目测方法,技术人员常手持望远镜、钢尺、小锤、电筒等小型简易设备。检查须涵盖桥面设施、上部结构、下部结构、附属构造物的各部位和各部件,填写检查记录,登记缺损类型及范围,提出小修保养措施,估算维修养护的工作量。

(一)桥面系

日常检查时,桥面系主要关注的内容包括以下几个方面。

(1)桥面铺装是否平整,有无裂缝、局部坑槽、积水、沉陷、波浪、碎边;伸缩缝是否堵塞卡死，连接部件有无松动、脱落、局部破损；桥头有无跳车。

（2）人行道、缘石、栏杆、扶手、防撞护栏和引道护栏（柱）有无撞坏、断裂、松动、错位、缺件、剥落、锈蚀等。

（3）排水设施是否良好，桥面泄水管是否堵塞和破损。

（4）交通信号、标志标线、照明设施以及桥梁其他附属设施是否完好等。

桥面系常见典型缺陷如图 4-1-2 所示。

（a）桥面铺装缺陷

（b）桥面伸缩缝破损

（c）防撞护栏损毁

（d）桥面排水孔堵塞

■ 图4-1-2 桥面系常见典型缺陷

> **小贴士：桥头跳车**
>
> 桥头跳车，是由于公路桥头及伸缩缝（桥头引道）处的差异沉降或伸缩缝破坏而使路面纵坡出现台阶，使车辆通过时产生跳跃的现象。

(二)上部结构

日常检查时,上部结构主要关注的内容包括以下几个方面。

(1)构件表面是否完好,有无损坏、老化、变色、开裂、起皮、剥落、锈迹。

(2)结构有无异常的变形、竖向振动、横向摆动等情况。

(3)支座是否有明显缺陷,活动支座是否灵活,位移量是否正常等。

上部结构常见典型缺陷如图4-1-3所示。

(a)桥梁端缝挤压抵死

(b)钢结构表面锈蚀

(c)斜拉索护套破损

(d)支座出现偏位

■ 图4-1-3 上部结构常见典型缺陷

(三)下部结构

日常检查时,下部结构主要关注的内容包括以下几个方面。

(1)桥位区段河床冲淤变化情况。

(2)基础是否受到冲损,是否外露、悬空、下沉,墩台及基础是否受到腐蚀。

(3)墩台是否受到船只或漂浮物撞击而受损。

(4)翼墙(侧墙、耳墙)有无开裂、倾斜、滑移、风化剥落和异常变形。

(5)锥坡、护坡、调制构造物有无塌陷,铺砌面有无缺损、勾缝脱落、灌木杂草丛生等问题。

下部结构常见典型缺陷如图4-1-4所示。

(a)结构露筋锈胀

(b)墩台盖梁破损

(c)桥墩基础悬空

(d)桥头锥坡塌陷

■ 图4-1-4 下部结构常见典型缺陷

二、定期检测

桥梁的定期检测就好像指定或委托具备相应能力的医院对人们的健康状况开展的定期性全面体检。定期检测除查看桥梁外观缺陷及病害外,还要采用仪器设备进行体内检查，对部件功能和材料性能做出评判，形成"体检"报告。

定期检测主要是针对桥梁主体结构及其附属构造物进行的周期性检查，以目测观察结合仪器观测进行。一般情况下，定期检测是桥梁管养部门委托专业机构，由专业技术人员来实施的，桥梁管养部门具备相应能力及资质时也可自行开展。桥梁检测常用典型设施如图4-1-5所示。

（a）桥下检查吊篮

（b）梁底检查小车

（c）爬索机器人

（d）桥梁检测车

■ 图4-1-5　桥梁检测常用典型设施

定期检测时，检测设备必须抵近或进入各部件，检测人员须仔细检查各部件的使用功能和材料的缺损状况，并在现场校核桥梁基本状况，填写检查表格，记录各部件缺损状况，做出技术状况评分，实地判断缺损原因，估定维修范围及方式，对难以判断损坏原因和程度的部件提出特殊检定要求，对损坏严重、危及安全运行的危险桥梁提出暂时限制交通的建议。

定期检测的频率根据桥梁技术状况而定，周期最长不得超过三年。新建桥梁交付使用一年后，应进行第一次定期检测；在经常检查中发现桥梁重要构件的缺损较为严重时，应及时展开定期检测。

定期检测总体上包括外观检查、无损检测、测量测试三部分。

（一）外观检查

外观检查主要检查桥梁的表观缺陷，是对经常检查内容的对比复核和深化检查，其中重点关注的部位及内容包括桥面铺装时设置的纵横坡度及伸缩缝是否异常、装配式梁横向联结构造是否可靠、混凝土结构关键部位是否开裂、预应力锚固区及沿预应力筋有无裂缝、混凝土箱梁是否渗漏、钢结构构件是否变形、铆钉和螺栓有无松动、焊缝边缘有无裂纹或脱开、主拱圈是否开裂、拱肋间横向联结是否可靠、拉索防护是否可靠、索体是否开裂鼓胀及有无变形、索鞍是否存在异常、锚室是否渗漏、支座组件是否完好、橡胶支座是否老化开裂、支座是否脱空、支承垫石是否破损开裂、墩台及基础是否发生冲刷或有无掏空现象等（图4-1-6）。

（a）支座剪切变形过大

（b）桥面铺装碎裂

（c）露筋

（d）裂缝

■ 图4-1-6 桥梁常见的外观典型病害

(e) 桩基缩径、露骨、钢筋笼外露

(f) 拉索护套老化、开裂、划伤

(g) 钢构件表面出现锈坑

(h) 钢构件焊缝开裂

■ 续图4-1-6

(二) 无损检测

无损检测是根据外观检查的情况，在不损坏桥梁既有部件的情况下，采用专业设备（图4-1-7）和方法，进一步探明探测构件的劣化现象和程度。

(a) 混凝土强度超声回弹仪　　(b) 混凝土内钢筋探测仪

■ 图4-1-7　桥梁无损检测常用典型设备

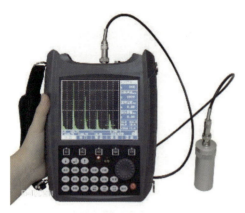
(c）超声波钢结构焊缝检测仪

(d）钢结构高强螺栓检测仪

■ 续图4-1-7

无损检测的内容主要包括混凝土结构的混凝土强度、碳化深度、氯离子含量、裂缝、密实性、钢筋位置、钢筋保护层厚度等，以及钢构件涂层厚度、焊缝缺陷、高强螺栓紧固力等。

（三）测量测试

测量测试是指采用专业设备（图4-1-8），对桥梁结构及构件的外观尺寸、变形等进行测量，对构件的内力、动力特性等进行测试，以检验桥梁构件的使用指标是否正常。

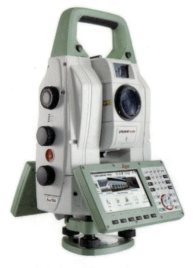
(a）线形、变形测量全站仪

(b）测量测试电子水准仪

■ 图4-1-8　桥梁测量测试常用典型设备

第四章　桥梁的运营与维护

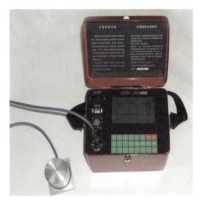

（c）拉索、吊索索力测量动测仪

（d）测试数据采集仪

续图4-1-8

测量内容主要包括主梁的线形及位移、桥塔的变形、结构外观尺寸、墩台的倾斜沉降、支座滑移量、基础的变位等。

测试内容主要包括桥梁结构的动力特性、拉索及吊索的索力、索体的振动波形及频谱等。

三、特殊检定

桥梁的特殊检定类似于大型综合医院、特殊专科医院或医疗专家团队对疑难杂症开展的特殊诊断工作。特殊检定须采用特殊仪器设备和方法（图4-1-9）对桥梁及构件进行诊断性检查，做出损伤程度及损伤影响的评判，形成专门的诊断报告。

（a）静态应变采集系统

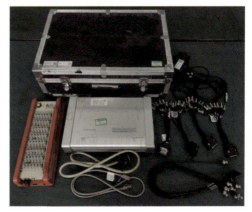

（b）智能信号采集处理分析仪

图4-1-9　桥梁特殊检定常用设备和方法

（c）混凝土构件取芯机　　　　　　（d）通过计算分析进行评估

■ 续图4-1-9

特殊检定由具有相应资质和能力的专业机构承担实施，目的是查清桥梁的破损程度、病害原因、承载能力、抗灾能力，从而准确判定桥梁技术状况。通俗地讲，就是当桥梁技术状况较差、出现安全隐患或遭受突发损伤时，由专业技术能力强的单位采用一些先进的技术手段进行针对性的检测鉴定。

特殊检定可分为专门检查和应急检查。专门检查是根据经常检查和定期检测的结果，对需要进一步查明损坏原因、缺损程度和使用能力的桥梁，进行针对性的现场检测试验、验算分析等检定工作。应急检查是桥梁受到灾害性（地震、洪水、风灾等）损伤后及时开展的详细检查和鉴定工作，目的是快速查明桥梁破损情况，及时采取应急措施，尽快组织恢复交通。

特殊检定的内容包括损伤测定、荷载试验、计算分析等。

（一）损伤测定

桥梁结构损伤测定如同医院对人体各器官开展的专门检查，主要分为材料损伤测定和构件功能测定。材料损伤测定内容包括混凝土弹性模量、强度、碳化深度、氯离子含量等指标，钢结构性能、强度、锈蚀程度等指标；构件功能测定内容包括几何尺寸、挠度、变形、应力、振动特性等专项指标。可根据测定要求和缺损的类型、位置，选择表面测量、无破损检测和局部取样等有效可靠的方法。试样应在有代表性构件的次要部位获取。

桥梁结构损伤测定须采用特殊仪器设备（图4-1-10），参照国家、行业的有关规定执行，其检测检查结果应参照规范要求和标准进行评定。

（a）裂缝测宽仪

（b）雷达探测仪

（c）钢筋锈蚀电位仪

（d）焊缝超声探伤仪

■ 图4-1-10 桥梁损伤测定常用仪器设备

1. 损伤测定项目工程示例一

某预应力混凝土连续梁桥，跨越中运河，正桥为三跨预应力混凝土变截面连续箱梁，单箱单室截面，跨度布置（60+100+60）m。

在该桥的特殊检定中，进行了详细的检测、试验、评估工作。其中，损伤测定的内容主要包括混凝土强度、碳化、裂缝测定，钢筋锈蚀、保护层测试，结构尺寸、变形测量，荷载试验结构响应应力测试等（图4-1-11）。

（a）变形测试

（b）应力测试

（c）裂缝深度测试

（d）混凝土强度测试

■ 图4-1-11　某连续梁桥损伤测定

2. 损伤测定项目工程示例二

某T形刚构桥，位于乌龙江下游峡口处，全长548 m，采用4个T形刚构间附加挂梁的结构形式，跨度布置（58+144+144+144+58）m。

因大桥服役时间较长，在对老桥进行加固改造设计前，需要对桥墩基础现状及基础附近水下河床状况进行摸底，用以评估桥墩基础的承载能力和稳定性。

该桥水下检测采用潜水员水下探摸摄像和测深仪测深相结合的方法，检查内容包括水下结构尺寸复核、外观检查、河床地形确定。潜水员在水下按预定的路线探摸前进，利用随身携带的水下摄像机对要检查的部位进行摄像，实时图像通过导线传输到水面仪器屏幕上，检测技术人员通过图像信息及与潜水员对话获取的信息，可对水下结构的情况进行判断、记录（图4-1-12）。

第四章 桥梁的运营与维护

（a）桥梁实景

（b）潜水员进行下水准备

（c）测深仪

（d）水下摄像设备

■ 图4-1-12 某T形刚构桥水下损伤测定

小贴士：交会法

水下地形采用交会法测量，在岸边两处架设测量仪器，在测量船上设置测量标志，两处同时对标志进行测量，得出定位数据；测量定位的同时采用测深仪测量水深，将位置数据和对应水深数据导入数字成图软件进行处理，绘制成水下地形图。

3. 损伤测定项目工程示例三

某中承式钢管混凝土体外索系杆拱桥，正桥结构采用5跨（36+138+188+138+

36）m。拱肋为钢管混凝土桁架拱，吊杆为钢丝绳索，无纵向加劲梁，横梁为全焊式变截面钢板梁。

该桥吊杆更换专项检测试验中，损伤测定的主要内容包括吊杆索力测试、吊杆钢丝绳力学性能检测、吊杆钢丝绳锈蚀检测、吊杆锚头解剖检测等（图4-1-13）。

（a）桥梁实景

（b）钢丝绳锈蚀检测

（c）吊杆锚头解剖检测

（d）吊杆钢丝绳力学性能检测

■ 图4-1-13　某系杆拱桥吊杆更换损伤测定

（二）荷载试验

桥梁荷载试验是一种特殊的检测鉴定方法和措施。当桥梁运营一定年限、存在一定缺陷或遭受突发损伤情况时，通过在桥上加载来测试结构的响应情况，以掌握并判断桥梁的承受能力、损伤程度、安全状况等，即为桥梁荷载试验。荷载试验包括静载试验、动载试验。

小贴士：公路桥的静载试验和动载试验

静载试验是通过测量桥梁结构在静力荷载（如车辆、沙袋、水袋）作用下各控制截面的应力及变形，分析桥梁结构实际工作状态与设计期望值是否相符，评判桥梁结构的承载能力，是检验桥梁性能及工作状态最直接、最有效的办法。

动载试验分为自振特性试验（又称"脉动试验""模态试验"）和动力响应试验（又称"行车响应试验""强迫振动试验"）。自振特性试验通过测试结构受激励和响应的时间历程，运用数字信号处理技术、参数识别方法，求得系统模态参数（频率、振型、阻尼比）；动力响应试验是指在移动载重车辆按某种行驶方式作用下，连续获取车辆行驶过程中桥跨关键截面的动力响应参数（加速度、振幅、动挠度、冲击系数），是检验桥梁动力性能及行车舒适性最有效的办法。

桥梁荷载试验常用仪器设备如图4-1-14所示。

（a）应变计

（b）位移计

■ 图4-1-14　荷载试验常用仪器设备

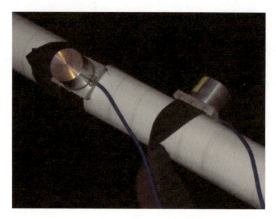

（c）索力测试仪

（d）光电挠度仪

（e）静态应变测试仪

（f）动态数据采集仪

■ 续图4-1-14

典型桥式荷载试验如图4-1-15所示。

（a）公路斜拉桥荷载试验

（b）市政拱桥荷载试验

■ 图4-1-15 典型桥式荷载试验

（c）市政悬索桥荷载试验

（d）景区人行桥荷载试验

■ 续图4-1-15

某铁路钢桁梁桥，正桥为 2×60 m 栓焊下承式连续钢桁梁桥，于1999年建成通车，2016年发现其中一块节点板开裂，随后对开裂节点板进行了整体更换。为验证更换后节点板及与节点板相连的杆件受力特性是否工作正常，须进行荷载试验。通过荷载试验，可以知道桥梁的承载能力是否满足正常的运营要求。与公路不同，铁路桥试验采用的是火车作为加载载具。其荷载试验如图4-1-16所示。

（a）连续钢桁梁实景

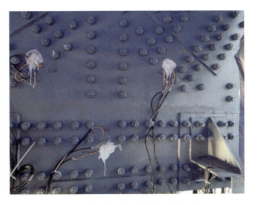
（b）节点板受力传感器布置

■ 图4-1-16　某铁路桥荷载试验

走近桥梁

（c）火车静态加载

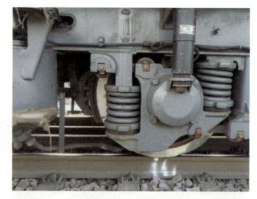

（d）火车定点停车

（e）静载受力数据采集

（f）动载振动数据采集

■ 续图4-1-16

小贴士：铁路桥的静载试验和动载试验

静载试验时通过在特定的位置施加已知的荷载（火车装载货物称重），过程就像是火车的定点停车。在过程中测试桥梁各个关键部件的受力和变形数据，然后将数据与理论值、规范限值相比较，判断桥梁的力学性能是否满足要求。

动载试验是在不同速度和类型的过路火车的作用下，通过测定桥梁的动态参数来识别火车行驶的安全性和相应的桥梁技术状态。相关测试内容有车辆运行时桥梁的最大横向振动幅度、最大竖向振动幅度、桥梁振动的频率、车轮脱轨系数等。

（三）计算分析

针对桥梁出现的较大损伤、变形等特殊情况，除进行必要的损伤测定、荷载试验外，还须结合损伤的范围、程度，开展结构的局部计算和总体受力安全性等分析，进行损伤判定。

1. 计算分析项目工程示例一

某大型互通立交桥，其B匝道桥为预应力混凝土单箱单室连续箱梁曲线桥，板式花瓶墩，钻孔灌注桩基础。桥下软土路基沉降，导致墩身及桩基础整体偏移、倾斜，继而造成墩身混凝土环向开裂以及活动支座纵向滑移超限。为探明病害原因，采用桥-土空间实体模型对场地土的变形、桩基础内力、桥墩偏移和倾斜、墩身混凝土拉应力、支座滑移等状态进行仿真计算分析（图4-1-17）。

（a）匝道桥实景

（b）一侧土体挤压桥墩底部开裂

（c）墩柱倾斜，支座变位

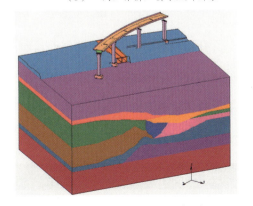
（d）桥-土空间实体模型计算分析

图4-1-17 某立交桥桥墩病害分析

分析结果表明软土路基的沉降使得桥址场地土发生纵向和横向变形,造成桩基础上部整体发生了位移,桩基础呈现反向弯曲状态,产生了较大的附加弯矩。同时固定支座墩顶受到支座及梁体的约束,继而造成墩身混凝土环向开裂,而活动支座墩顶则出现了支座滑移超限。

2. 计算分析项目工程示例二

某高墩铁路桥,正桥为5孔跨度64 m的上承式栓焊钢桁梁,实体墩高33～36 m,钻孔灌注桩基础。因铁路运营提速,主梁横向位移超过《铁路桥梁检定规范》要求,影响铁路运营安全。综合考虑墩梁联合、多跨耦合(相互影响)的效应,建立有限元分析模型进行针对性的整体刚度计算(图4-1-18)。

(a)桥梁实景　　　　　　　　　　(b)实体模型刚度分析

图4-1-18　某高墩铁路桥横向振幅超限分析

计算结果表明,桥梁横桥向振幅超限,是由于高墩及64 m标准钢桁梁横桥向刚度均较小、横向振动频率与提速后列车横桥向摇摆频率接近。在处治中应以提高桥梁整体横桥向刚度和自振频率为首要目标。

四、技术评定

技术评定是定期检测、特殊检定的具体实操工作完成后,技术人员综合现场检查、检测、测试、试验和受力计算分析等资料，对桥梁的技术状况进行的科学合理的评判评定。评定结果可作为桥梁养护维修、加固改造的决策和实施依据。

（一）一般评定

一般评定是由定期检测实施单位技术人员对检查检测的桥梁做出综合技术评价以及提出维护管养建议。

依据桥梁定期检测结果和资料，评判桥梁各部件技术状况，进而综合评判全桥的技术状况，评定出桥梁总体技术状况等级，提出相应的保养、小修、中修、大修、改造、改建或重建等工程措施，以保证桥梁的安全、畅通。

（二）适应性评定

适应性评定是由具有相应资质及能力的定期检测或特殊检定实施单位技术人员对检测检定的桥梁做出综合技术评价、使用安全评价以及提出特殊管养建议。

依据桥梁定期检测和特殊鉴定资料，结合现场试验与结构受力分析，做出桥梁实际承载能力、通行能力、抗洪能力等方面的适应性评定，提出相应的加固、改造、扩建的措施和方案，以便桥梁能够满足使用需求。

第二节　养护维修

桥梁在运营使用过程中，既要遭受风吹雨打、河流冲刷、大气污染等各种自然环境的侵蚀，也要承受通行车辆冲击等人为作用的伤害，会不可避免地出现构件劣化、局部损伤等缺陷，从而影响桥梁的正常运营和使用寿命。因此，要对桥梁进行必要的养护维修。

桥梁养护维修的内容一般不涉及桥梁主体结构的安全性，不改变桥梁技术标准、使用功能等，主要是针对桥梁构件耐久性、舒适性的缺陷及隐患开展修缮工作。

养护维修大体上可分为常规保养、局部维修、构件更换、外观出新等四类。

一、常规保养

常规保养是指为保持桥梁及其附属物的正常使用而进行的经常性养护作业，主要针对的是桥面系及桥梁结构外观缺陷。

常规保养一般由桥梁管养人员进行，具有及时性和方便性。有的保养可在经常检查时随手操作，主要目的是保持桥面平整、清洁，保证行车舒适顺畅，保证结构及构件正常工作。

常规保养内容主要包含桥面积水、泥土、杂物、冰雪等的经常性清扫；桥面铺装出现小面积坑槽、轻微开裂及车辙时进行的局部、小范围的修补；桥面泄水管、排水槽堵塞时的及时疏通；伸缩装置缝内积满尘土、垃圾时的及时清理；人行道块件及栏杆松动后的及时修整、更换；交通标志标线的定期重涂、漆画；照明灯具损坏后的及时更换；桥下漂浮物的及时清理；墩台表面青苔、杂草、灌木、污秽的及时清除；钢构件的定期涂漆防锈等。常规保养中的常见缺陷如图4-2-1所示。

（a）人行道表面破损

（b）人行道栏杆缺失

（c）道路交通标志牌破损

（d）伸缩缝堵塞

■ 图4-2-1　常规保养中的常见缺陷

第四章　桥梁的运营与维护

（e）桥面泄水斗缺失　　　　　　　　　（f）桥台锥坡松散

■ 续图4-2-1

二、局部维修

局部维修是指对桥梁构件出现的局部缺陷或损伤进行的快速修复作业，主要针对不危及桥梁安全、损伤程度较轻、受损范围较小的结构或构件。

局部维修业务一般可外委，由从事结构维修的专业队伍实施。

桥梁局部维修常见内容主要包含混凝土栏杆或护栏破损、断裂的修补，钢结构栏杆或护栏构件的矫正；伸缩缝锚固区混凝土局部破损修复，伸缩装置橡胶条破损更换；混凝土结构裂缝的表面封闭或压力灌浆，蜂窝麻面、锈胀露筋、破损空洞等缺陷修补；钢结构变形损伤修复、疲劳裂纹钻孔止裂、焊缝开裂处理、螺栓更换或补拧；拉索护套损伤修复、减振器缺陷处理；支座垫石浇筑不密实缺陷处理；桥头台后沉降路面局部铣刨、重新摊铺等。局部维修典型缺陷处治如图4-2-2所示。

（a）混凝土裂缝压力灌浆　　　　　　　（b）伸缩缝锚固区局部修补

■ 图4-2-2　局部维修典型缺陷处治

(c)斜拉索护套修复

(d)钢结构螺栓补拧

(e)支座垫石缺陷修补

(f)桥头台后沉降处治

续图4-2-2

三、构件更换

构件更换是指当桥梁可更换构件达到使用年限或出现严重损伤变形时进行的更换作业。

构件更换以恢复构件功能、保证桥梁正常运营、防护行车及行人安全、保证桥梁结构耐久性为原则,主要指对达到设计使用寿命、损坏严重、丧失服务功能或运营危险性加剧的构件进行更换。

桥梁可更换构件设计使用寿命5—20年不等,在桥梁设计使用寿命内需要多次进行更换。部分构件由于材料、设计、施工及管养等原因过早出现病害,如支座老化开裂、伸缩装置型钢断裂、伸缩装置止水带破损、栏杆构件断裂等,同样需要及时进行更换处理。

常规的构件更换通常遵循原型号、原规格更换的原则，更换后的构件应与既有构件在外观造型、结构尺寸上保持一致。若出现原设计不合理、原产品已淘汰、规范标准更新、功能要求提升等情况，则可按照现行规范、标准进行采购和更换。

桥梁构件更换一般委托具有专业能力的施工单位或产品供应厂家实施。

需要定期更换的常见构件包括伸缩装置、栏杆、桥面铺装、支座、斜拉索、吊杆、减振器、限位弹性索等。图4-2-3所示为构件更换典型实例。

(a) 伸缩装置更换

(b) 桥面铺装更新

(c) 人行道栏杆及护栏更新

(d) 拱桥吊杆更换

(e) 斜拉索减振器更换

(f) 桥梁支座更换

■ 图4-2-3 构件更换典型实例

四、外观出新

桥梁在使用一定年限后，气候环境带来的外观劣化现象（如混凝土结构表面风化变色、钢构件的表面泛锈等），以及车辆长期反复作用引起的构件老化损伤，直接影响桥梁的使用功能和外观效果，需对桥梁进行周期性的外观出新，以恢复使用功能、改善行车舒适性、提高耐久性能、延长使用寿命、提升景观效果。

桥梁外观出新一般不涉及结构安全问题，但通常会与桥梁结构构件的维修、加固、改造等施工项目同时开展。

桥面系栏杆、灯柱等容易到达部位及构件的出新，一般可由管养人员实施；主梁、高墩、桥塔等高空部位的出新，需委托具有高空作业资质及能力的施工队伍实施；主缆、拉索、吊杆及增设亮化设施等特殊构件的出新，需委托具有对应特殊能力的施工队伍或产品供应厂家实施。

桥梁外观出新主要包括以下内容：在主梁、墩台、桥塔等桥梁主体结构表面增设或重做防护涂装，在沥青铺装顶面增加抗磨薄层或铺撒再生剂，更新桥面行车道的标志标线，在主缆、拉索、吊杆表面增加或更新保护层，增设或提升桥梁景观亮化系统等（图4-2-4）。

（a）混凝土结构表面出新　　　　（b）钢桁梁表面出新

■ 图4-2-4　外观出新典型实例

（c）主梁表面出新

（d）拉索外表缠包出新

（e）桥面铺装出新

（f）桥梁亮化系统出新

■ 续图4-2-4

第三节 加固改造

  桥梁在运营过程中，在主体受力结构出现严重损伤病害，导致构件强度、刚度、稳定性等受力性能指标降低，桥梁承载能力不能满足原设计要求时，须进行必要的补强、加固、改造等措施，以恢复桥梁的受力性能、承载能力、使用功能，保证桥梁的正常使用。随着社会经济的发展，道路交通流量日益增加，通行荷载标准不断提高，当既有桥梁已不能满足现实需求时，也需要通过补强、加固、加宽、抬升、更换、改造等措施，对桥梁进行加固改造，提高桥梁的通行荷载标准、通行能力、承载能力等，延长桥梁的使用寿命，确保桥梁的运营和使用安全。

桥梁加固改造的主要内容是针对桥梁主体结构受力性能的不足、通行荷载的提高、使用功能的提升，以保证桥梁使用的安全性、适应性为主，同时兼顾耐久性、舒适性的特殊修缮工作。

桥梁加固改造需考虑既有结构的特点、目前存在的病害、加固改造的目的、使用功能的需求等因素，采用的方法多种多样。对桥梁单一构件的加固改造通常采用一种方法即可，但对桥梁进行总体加固改造时往往会同时采用多种方法对不同部位进行针对性的加固改造。桥梁的加固改造通常也会包含相关的养护维修工作。

一、混凝土梁桥加固改造

混凝土梁桥从结构受力体系角度可分为简支梁桥、连续梁桥、刚构梁桥；从截面应力控制角度可分为普通钢筋混凝土梁桥和预应力钢筋混凝土梁桥。无论哪种结构受力体系的梁桥都需要满足承载能力极限状态和正常使用极限状态的要求。当桥梁结构因为荷载过大、材料劣化、预应力损失等因素造成承载能力下降、应力超限、刚度下降等情况时，都需要进行结构性加固。

（一）常见病害

1. 结构缺陷

结构缺陷与通行荷载超标、结构材料劣化、施工质量控制不严等因素相关，主要表现为表面起皮、剥落、掉块、崩裂、空洞、露筋等。

2. 梁体开裂

梁体开裂多与桥梁抗弯、抗剪能力下降有关，主要表现为底板横向裂缝、腹板斜裂缝、腹板竖向裂缝、顶板纵向裂缝等。

3. 刚度下降

梁体出现缺陷、开裂等病害会引发结构刚度的下降；空心板梁、T梁、预制小箱梁桥等由多片构件组合而成，当构件之间的连接发生病害时，桥梁结构的整体横向刚度也将下降。

4. 材料劣化

桥梁长期处于露天环境，受到自然因素影响，当结构存在开裂、钢筋保护层厚度不足等缺陷时，梁体混凝土、钢筋就容易受到侵蚀，从而降低构件的受力性能。

（二）加固改造方法

1. 增大截面加固法

增大截面加固法主要是通过增大构件截面、在混凝土表面增设钢筋并浇筑混凝土加大构件断面尺寸，以提高构件的承载能力和刚度。

该方法主要适用于钢筋混凝土和预应力混凝土受弯构件、钢筋混凝土受压构件的结构。

2. 表面粘贴加固法

表面粘贴加固法主要是通过在结构构件表面粘贴钢板或粘贴纤维材料，以增强或补充构件的抵抗能力，提高构件受力性能。

粘贴钢板法主要适用于钢筋混凝土受弯、受拉和受压构件的加固，钢板与构件共同受力时，钢板主要承受轴向力；粘贴纤维材料法主要适用于钢筋混凝土受压柱、梁、板的加固，高性能复合纤维材料与构件牢固粘贴形成共同受力时，可以提高构件的延性和耐久性。

3. 体外预应力加固法

体外预应力加固法主要是通过增设体外预应力钢绞线、高强钢丝、精轧螺纹钢筋等高强材料索，对原有的主体受力结构主动施加有利的外力，以此来改善原结构的受力状态。

体外预应力加固体系主要由预应力钢束、锚固系统、转向块、减振装置等组成。该方法适用于钢筋混凝土及预应力混凝土简支梁、连续梁、连续刚构桥的加固，也适用于钢板梁的加固。

4. 改变结构体系加固法

改变结构体系加固法主要是通过增加支撑点来减小跨度，将简支结构变为连续结构，以改变桥梁的受力体系，提高结构的整体承载能力。

增设支点法适用于梁、板、桁架等结构的加固；简支变连续法适用于多跨简支梁的加固。

5. 增强横向联结加固法

增强横向联结加固法主要是通过增设结构构件间的联结构造，加强多个协同受力组件的整体性，以提高受力组件的刚度，改善共同受力性能，提升组件的承载能力。

该方法主要适用于多片组合的空心板梁、T梁以及多柱墩。

6. 减轻恒载加固改造法

减轻恒载加固改造法主要是通过对桥梁非主要受力的结构部件（如栏杆、人行道、桥面铺装、填料等）的更换、改造，以减少二期恒载，降低桥梁结构自身的重量，减少结构自重产生的效应，提高结构承受桥面荷载效应的能力。

该方法可适用于各类桥梁。

（三）工程示例

1. 空心板梁加固工程示例

某大桥引桥为跨度分别是 20 m、30 m 的空心板梁，主要病害表现：相邻空心板梁之间变位不同步；桥面铺装出现和铰缝位置重合的纵向裂缝；空心板梁铰缝部位出现渗漏现象等。病害主要原因为空心板梁之间的横向联系较弱，铰缝抗剪承载能力下降，横向刚度不足。

针对该空心板梁病害，引桥主要采用了增强横向联结加固改造法。具体加固措施及内容：在空心板梁顶底增设横向联结钢板并对拉（图4-3-1），提升空心板梁刚度和整体性能，保证了荷载横向传递，从而减轻单板的负担。为配合主要加固措施的实施，同步进行了空心板梁铰缝、桥面铺装的凿除与重做。

（a）桥面纵向开裂

（b）空心板梁底面错位、开裂

（c）空心板梁顶底粘贴钢板、对拉螺杆

（d）加固后的空心板梁底面

图4-3-1　空心板梁顶底增设横桥向联结钢板加固

2. 简支T梁加固工程示例

某大桥为混凝土简支T梁桥，因修建年代早，随着社会发展，通行汽车荷载等级需提高。根据荷载等级提高的需求，主要采用了体外预应力加固法（图4-3-2）。

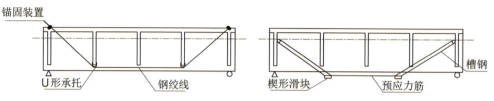

(a) 简支T梁增设体外预应力示意图

(b) 简支T梁增设体外预应力实例

■ 图4-3-2 简支T梁体外预应力加固法

3. 混凝土连续梁加固工程示例

某跨海大桥岛岸引桥为预应力混凝土连续梁桥，因桥下堆积物燃烧而受损，边跨箱梁底板、腹板、翼板均发生局部混凝土爆裂剥落、钢筋断裂，底板纵向预应力钢束、翼板横向预应力钢束外露。

针对火损，在进行全面检测评估的基础上，为补充箱梁受损导致的承载能力降低，主要采用了体外预应力加固法、表面粘贴加固法等多种措施进行修复加固。

具体措施和内容：如图4-3-3所示，对受损变形的梁体钢筋进行置换，对剥落部位进行修复，在梁底增设预应力碳纤维板进行主动补强加固，在腹板及翼板粘贴钢板进行补强，在翼板增设钢结构支撑作为被动受力补强措施，更换受损支座以保证梁体的正常伸缩，对箱梁表面实施涂装以保护桥梁外观。经过实施综合加固措施，梁体刚度得以恢复，箱梁的总体承载能力得到提升。

第四章 桥梁的运营与维护

（a）总体火损外观

（b）钢筋松弛、预应力钢束波纹管外露

（c）置换、修复梁底钢筋，粘贴钢板

（d）置换、修复腹板及翼板钢筋，粘贴钢板

（e）梁底增设预应力碳纤维板

（f）安装翼板支撑钢结构

■ 图4-3-3　混凝土连续梁体外预应力加固法和表面粘贴加固法

（g）修复加固后的梁底外观　　　　（h）修复加固后的总体外观

■ 续图4-3-3

4. 混凝土连续刚构箱梁加固工程示例

某长江大桥为预应力混凝土连续刚构箱梁桥，运营多年后，随着桥面通行交通量剧增、车辆荷载加大，出现了箱梁底面横桥向开裂、腹板大范围开裂、跨中下挠等现象及病害。

针对存在的主要病害，主要采用了体外预应力加固法、增大截面加固法和表面粘贴加固法。具体措施和内容：在腹板内外侧粘贴钢板，在箱梁内紧贴腹板增设钢桁结构劲性骨架，在箱梁内增设由体外预应力环氧涂层钢绞线、钢结构锚固块、钢桁转向架等组成的体外预应力体系，提高箱梁的总体承载能力，增加梁体刚度，抑制跨中下挠，改善结构受力状态。如图4-3-4所示。

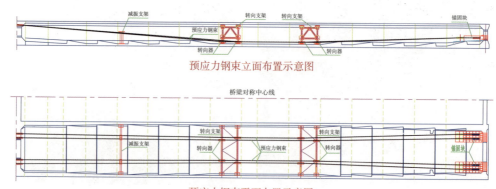

（a）连续刚构箱梁体外预应力钢束立面、平面布置（单跨）示意图

■ 图4-3-4　混凝土连续刚构箱梁加固工程示例

第四章　桥梁的运营与维护

（b）在箱梁内腹板上粘贴的钢板、增设的劲性骨架

（c）体外预应力钢束及转向架

（d）梁端钢结构锚固块

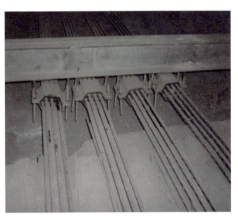

（e）预应力钢束减振架及减振器

续图4-3-4

二、混凝土拱桥加固改造

混凝土拱桥以主拱圈为主要承重构件，并在拱脚处产生水平推力。在使用过程中由于材料劣化、整体性不足、超载等原因导致混凝土拱桥整体性能降低、承载能力下降，需要对混凝土拱桥进行加固或改造。

(一) 常见病害

1. 主拱圈受力裂缝

主拱圈受力裂缝主要包括拱顶截面下缘、拱脚拱背横桥向裂缝，拱波纵向裂缝等。

2. 拱上建筑病害

拱上建筑病害主要包括渗水，填料下沉，桥面行车道板、铺装开裂，泄水孔堵塞，侧墙开裂等。

3. 整体性不足

双曲拱桥结构相对较零散，整体受力性能较差，横向分配、结构整体刚度下降，对结构受力的影响较大。

(二) 加固改造方法

主拱圈的加固主要是通过增大截面、粘贴钢板、增设横向联系等措施，以增加构件的抗力，提高结构的整体受力性能。

拱上建筑的改造主要是通过将拱上填料更换为轻质材料、将拱上建筑改造为无填料结构等，以减轻拱上建筑重量，提高桥梁承载能力。

(三) 工程示例

1. 双曲拱桥加固改造工程示例

某公铁两用长江大桥两岸接地公路引桥为双曲拱桥，修建于20世纪60年代。由于修建时的设计标准、使用材料、构件尺寸等的局限性，在运营约50年后，大桥主体结构出现较多部位破损、露筋、剥落，拱上填料受水浸泡，桥面铺装起伏开裂，结构部件松散变位。

针对该桥特点及病害，主要采用了增大截面加固法、增强横向联结加固法、减轻恒载加固法。主要措施及内容：用钢筋混凝土加大拱肋截面、增加拱肋间的横向联结构造的尺寸和数量、将拱上填料更换为轻质填料等。如图4-3-5所示。

（a）加大拱肋及横梁截面

（b）铺设拱顶防水层

（c）更换拱上填料

（d）加固后的拱底外观

■ 图4-3-5　双曲拱桥加固改造工程示例

2. 刚架拱桥加固改造工程示例

某刚架拱桥，主要受力构件为5片钢筋混凝土刚架拱片，由于交通量和通行荷载的加大，受力构件刚架拱片的承载能力不能满足使用要求，须进行加固改造。

针对存在的病害，主要采用了增大截面加固法。主要的改造内容：拆除桥面系及拱上建筑，在拱脚处加强支撑柱，在刚架拱片间新增主拱架，新增拱架模板，新增拱架绑扎钢筋，加强拱架间的联结横梁，恢复或改造桥面系及拱上建筑（图4-3-6）。改造后，新老刚架拱片共同承担上部荷载，增大了桥梁的总体承载能力，原主拱架受力减小，保证了结构安全及各部件受力符合要求。

（a）在拱脚处加强支撑柱

（b）在边拱架与次边拱架间增加新拱架

（c）新增拱架模板

（d）新增拱架绑扎钢筋

■ 图4-3-6 刚架拱桥加固改造工程示例

三、钢结构桥梁加固改造

常见的钢结构桥梁有钢桁梁、钢板梁及钢箱梁。无论是哪类钢结构桥梁都需要满足承载能力和正常使用要求。当桥梁钢结构因为超载、施工工艺不达标、养护不到位、外力撞击导致杆件变形等因素，造成桥梁承载能力下降、应力超限、刚度下降等情况时，都须进行结构性加固。

（一）常见病害

1. 结构开裂

结构开裂分为焊缝开裂与构件开裂两种。焊缝开裂与结构母材及施工时焊接材料、焊接工艺、焊接坡口形式及焊缝宽深比有关，构件开裂与结构母材质量、是否超载、节点是否应力集中等有关。

2. 构件变形

钢结构构件在受到外力后出现弯曲、变形，或由于涂层保护失效、构件截面削弱、抗力不足时发生变形、断裂，都会影响构件的正常使用，甚至影响结构的受力安全。

（二）加固改造方法

钢结构桥加固改造的主要方法有改变结构受力体系法、增设体外预应力体系法、加大截面法（补增型钢、加焊钢板）、粘贴复合纤维材料补强法、加强连接强度法、减轻恒载法、阻止裂纹扩展法等。

1. 钢板梁加固改造

钢板梁加固改造可采用增设水平盖板或角钢加固梁体翼缘；也可采用增设普通的加劲杆或增设体外预应力钢束（钢筋）等加固；对下承式板梁，还可在主梁上翼缘增设共同受力的钢筋混凝土桥面板，形成钢－混组合结构。图4-3-7所示为钢板梁加固示意图。

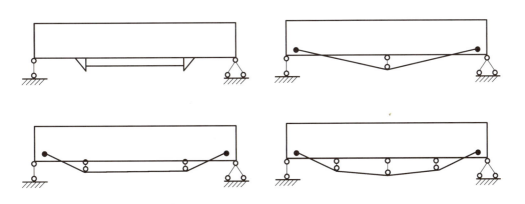

■ 图4-3-7 钢板梁加固示意图

2. 钢桁梁加固改造

钢桁梁加固改造较为常用的方法有增加杆件、更换杆件、变更支承位置、施加预应力、改变桁梁体系、结构卸载等；对叠合梁，也可更换混凝土桥面板使其参与受力，形成钢－混组合结构。图4-3-8、图4-3-9所示为钢桁梁改变结构体系及增设体外预应力加固示意图。

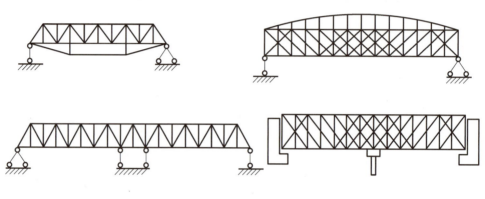

■ 图4-3-8　钢桁梁改变结构体系加固示意图

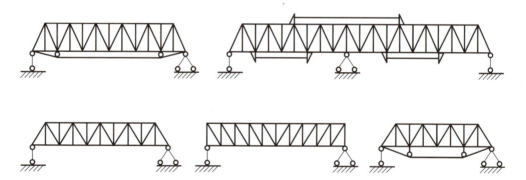

■ 图4-3-9　钢桁梁增设体外预应力加固示意图

（三）工程示例

1. 钢桁梁加固改造示例

京沪铁路线某钢桥为3跨跨度42.2 m的上承式简支钢桁梁桥，于1973年建成。近年来，随着铁路提速，出现了桥梁横向振幅超限的现象，影响了铁路运营安全。

该桥主要采用增大截面法对钢桁梁主要杆件进行补强加固，提高主梁的结构刚度和承载能力。具体做法是在既有杆件的内侧增设角钢（图4-3-10），并通过高强螺栓与既有杆件连接为整体。加固的杆件主要包括上下弦杆、平联、横联等。

（a）原"工"字形杆件加设角钢1　　　　（b）原"工"字形杆件加设角钢2

■ 图4-3-10　钢桁梁杆件加固改造示例

2. 钢桁梁杆件矫正加固示例

长江下游段某公铁两用大桥，主梁为加劲弦连续钢桁梁。被桥下通行的万吨货轮碰撞后，主通航孔钢梁加劲下弦杆局部严重变形，部分铆钉头严重剪切变形，弦杆组拼板沿板缝裂开、明显错位，员工检修走道及检查设备走道均被损毁。

针对损毁情况，主要采用局部矫形和局部补强方法，对受损的主桁加劲弦下弦杆进行维修加固。主要内容为：拆除损毁的检修走道等附属设施，对加劲弦下弦杆截面进行矫形处理，采用补强板补强杆件截面下缘部位，恢复检修走道等附属设施。如图4-3-11所示。

（a）主通航孔立面图

■ 图4-3-11　钢桁梁杆件矫正加固示例

(b)加劲弦下弦杆严重变形

(c)外翼缘下部板间错位、铆钉受损

(d)采用反力装置和千斤顶配合进行矫正

(e)矫正过程测量控制

(f)翼板下缘增设补强板

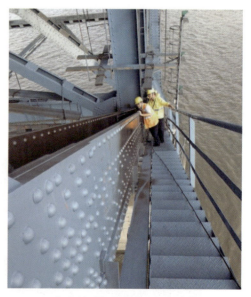
(g)矫正加固完成、防护涂装

■ 续图4-3-11

四、缆索结构桥梁加固改造

缆索结构桥梁（或缆索承重桥梁）是以缆索为主要受力构件的桥梁，具有优异的跨越能力，主要包括斜拉桥、悬索桥以及两者的组合体系桥梁。

（一）常见病害

斜拉桥的拉索、悬索桥的主缆和吊杆长期处于高应力状态，对外界侵害比较敏感，容易产生一些病害。常见病害有索体振动异常、索力异常、缆索防护系统损坏、索体钢丝锈蚀和断丝、钢丝疲劳损伤、锚固构件锈蚀和松动、桥面线形异常、梁体局部开裂、索体变形、塔柱开裂等。

（二）加固改造方法

（1）对于索体振动异常病害（如振幅过大等），可设置阻尼器或辅助索等，其原理是增加拉索的模态阻尼。为防止风雨激振，可在拉索表面附设螺旋或平行肋条、凹凸点等构造，其原理是通过改变拉索截面外形来调节其空气动力特性。

（2）针对悬索桥主缆索体锈蚀问题，可增设主缆除湿系统，其原理是向索体内送入干空气，从而降低索体内部的相对湿度。

（3）对于索力异常、桥面线形异常等情况，应结合检测评估及结构计算，明确缆索病害及其程度，并分析结构受力是否正常，采取针对性的更换、加固措施。

（4）对于拉索及吊索的锈蚀或断丝，如病害程度严重，或经检测评估对结构安全影响较大时，应进行索体更换。换索方法可分为无替代法和临时替代法。无替代法是指这根索的放松不会导致结构发生病害，不需要考虑设置临时措施即可直接进行更换的方法；临时替代法是指这根索的放松可能导致结构发生病害，必须通过设置临时措施来承担这根索的索力才可进行更换的方法。

（5）对于缆索防护系统损坏，可根据缆索类型及防护形式，采用不同的维修方法。例如悬索桥主缆表面涂层及缠丝发生局部损坏，应对缠丝进行局部拆除，对主缆表面进行处理后重新缠丝,最后进行表面防护处理;悬索桥吊索和斜拉桥拉索的防护套损伤,可进行局部修补或全面更新。

(6) 锚固构件锈蚀和松动,通常是内部渗水、积水所致,对此可采用堵疏结合原则,及时排水、封堵水源、疏通出口。此外,还需定期对锚固构件进行填充油脂等防护保养工作。

(三) 工程示例

1. 斜拉桥更换斜拉索

某大桥为双塔独柱式单索面预应力混凝土三跨斜拉桥,主孔跨度为 320 m,两侧边孔跨度为 176.5 m,边孔各设一中间墩。该桥运营多年后出现了多根拉索 PE 护套开裂、风致振动强烈、斜拉索钢丝锈蚀及锚具锈蚀,经评估确定对全桥进行拉索更换。

斜拉索的更换主要包括拆除旧索和挂张新索两大步骤,换索施工方案有塔端张拉、梁端张拉两种。张拉端的选择应充分考虑张拉施工的空间、张拉设备的布置、卸索或挂索的牵引方式等。根据各斜拉索的自身重量、锚固牵引力大小、张拉施工空间等具体情况及要求,更换该桥短索采用的是塔端张拉的方式,更换长索采用的是梁端张拉的方式。如图 4-3-12 所示。

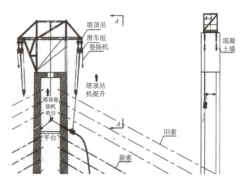

(a) 更换斜拉索前的桥梁实景　　(b) 塔顶提升装置示意图

■ 图4-3-12　斜拉桥更换斜拉索工程示例

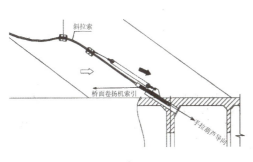

（c）梁端牵引示意图

（d）塔端安装

（e）梁端张拉

（f）更换斜拉索后的拉索新貌

■ 续图4-3-12

2. 斜拉桥斜拉索减振措施

斜拉索由于其细长柔软、自身固有频率和阻尼比低等特性，在风雨、车辆荷载等的作用下，容易发生大幅振动。早期建造的斜拉桥，在设计中已考虑在斜拉索上下端套筒内设置橡胶等各类型材料的阻尼装置，以提高斜拉索耗能能力，抵抗环境因素引发的大幅振动，减轻斜拉索疲劳。

但在斜拉桥运营过程中，由于外部环境因素的复杂多变，斜拉索发生较大振动的现象仍常常出现，为此很多斜拉桥（特别是大跨度、长索斜拉桥）都采取了斜拉索减振措施。

斜拉索减振措施一般从两方面着手：一是改变斜拉索本身的结构特点和力学

性能，二是减小斜拉索的振动强度和幅度。斜拉索减振最常用的措施为辅助索措施和阻尼装置措施。辅助索措施就是增设减振索，将多根斜拉索联系在一起，阻尼装置措施就是在单根斜拉索端部附近增加阻尼器。两种措施都可改变斜拉索的固有特性，减小斜拉索振动幅度。如图4-3-13、图4-3-14所示。

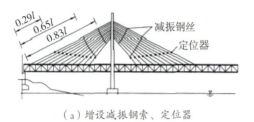

（a）增设减振钢索、定位器

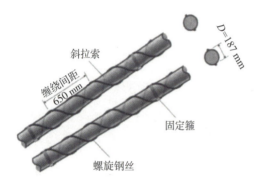

（b）缠绕螺旋钢丝结构

（c）大桥上的缠绕螺旋钢丝

■ 图4-3-13　斜拉索增设减振辅助索示例

（a）安装外置减振装置　　　　　　　　（b）维修外置减振装置

■ 图4-3-14　斜拉索增设减振阻尼装置示例

3. 悬索桥吊索更换

某海湾大桥经过多年运营，正桥吊索钢丝出现锈蚀病害，尤其在根部锚头处锈蚀较严重。为保证桥梁结构安全和健康运营，对全桥吊索进行了更换。

吊索更换采用两种方法：对索长小于15 m且锚栓外露长度大于5 cm的吊索，采用接长螺杆法进行更换；对索长大于15 m或锚栓外露长度小于5 cm的吊索，采用反力梁法进行更换。

接长螺杆法的做法是，对原吊索下部锚栓采用套筒进行接长，在原锚板上设置支撑架，在支撑架上布设穿心式千斤顶，通过顶升对接长锚栓顶部螺栓，释放索力、放松吊索进行更换。反力梁法的做法是，在原吊索部位主梁上下方设置反力梁，在原锚板上设置支撑架，在支撑架上布设穿心式千斤顶，通过对上反力梁的顶升，释放索力、放松吊索进行更换。

吊索更换前，在桥面设置支撑钢桁架，将梁体预起吊、释放部分索力，以减少吊索更换过程中加劲梁的应力变化，并作为施工安全保护措施。如图4-3-15所示。

（a）桥面支撑钢桁架

（b）安装接长套筒（接长螺杆法）

（c）安装支撑架、千斤顶（接长螺杆法）

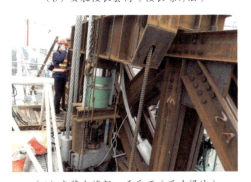

（d）安装支撑架、千斤顶（反力梁法）

图4-3-15 悬索桥吊索更换工程示例

（e）顶起后放松下锚杆螺帽（反力梁法）　　　　　（f）更换吊索

■ 续图4-3-15

五、墩台及基础加固改造

墩台和基础作为桥梁的重要承重结构，直接承受上部结构的作用（包括恒荷载和活荷载），并将荷载传递给地基，其状态好坏直接影响桥梁的承载能力和正常使用。部分桥梁承载能力的降低和主要病害的产生是由墩台和基础的病害引起的，因此，桥梁墩台和基础的加固改造也是非常重要的。

（一）常见病害

1. 墩台典型病害

墩台的主要形式有桩柱式墩台和重力式墩台。桩柱式墩台常见病害有盖梁弯曲裂缝、剪切开裂、立柱环状开裂、立柱竖向开裂、桥台背墙开裂、混凝土剥落等。重力式墩台常见病害主要有台帽竖向裂缝、台身开裂、桥台渗水及台帽钢筋锈胀等。桥梁墩台裂缝除了由配筋设计不足、施工期养护不当及超载车辆作用等原因引起外，也与基础不均匀沉降、土压力不平衡有关。

2. 基础病害

基础的主要形式有桩基础、扩大基础、沉井基础等。桩基础主要病害有基础冲刷、桩颈出现缩颈、桩身出现钢筋锈蚀、桩基础开裂等。扩大基础主要病害有基础掏空、基础开裂、基础不均匀沉降等。沉井基础的主要病害有基础底部冲刷悬空、基础倾斜、基础开裂等。

(二)加固改造方法

1. 扩大基础加固

当基础承载力不足或不均匀沉降变形过大时,可采用增大基础面积的方法进行加固(图4-3-16)。在刚性实体基础的周围补加石砌圬工或混凝土,以增大基础的承载面积,提高基础承载能力,抑制沉降。对冲刷过大的基础,可采用周边抛石、砌石、设置导流坝等方法进行防护。

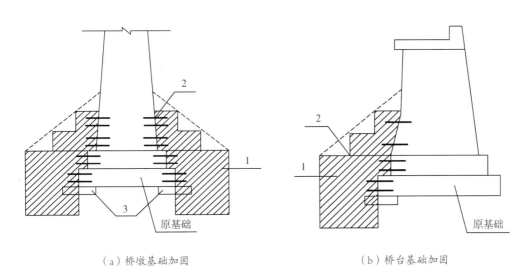

(a)桥墩基础加固　　　　　　　(b)桥台基础加固

■ 图4-3-16　扩大基础加固示意图
1—新增基础;2—新旧结合措施;3—榫卯结构等

2. 桩基础加固

桩基础加固法有多种,可在桩基础的周围补加钻孔桩,也可打入预制桩或静压桩,并增设承台或扩大原有承台,以此提高基础的承载力、增加基础的稳定性(图4-3-17)。

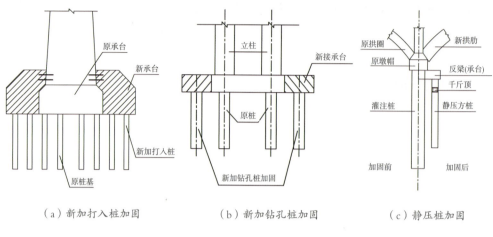

(a)新加打入桩加固　　(b)新加钻孔桩加固　　(c)静压桩加固

■ 图4-3-17　桩基础加固示意图

3. 墩台加固

桥墩加固方法主要有增大截面、粘贴钢板、外包套箍、增设预应力、增强构件联系、增加支撑点等方法；桥台加固方法主要有台后（换填或加孔）卸载、增设拉杆、增设支撑墙（挡土墙）、增大截面等方法，如图4-3-18所示。

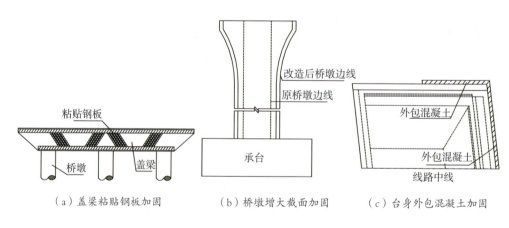

(a)盖梁粘贴钢板加固　　(b)桥墩增大截面加固　　(c)台身外包混凝土加固

■ 图4-3-18　墩台加固示意图

(三) 工程示例

1. 桩基础加固

某桥桥墩受水流冲刷严重，承台及桩基出现了钢筋外露、锈蚀现象，冲刷导致桩基直径小于设计桩径。

因原设计桩径仅为 1 m，且受冲刷损伤较大，故采用新增桩基、加大承台的方法进行加固。新增桩基为直径 1.5 m 的摩擦桩，进入原桩基持力层内。新增承台主体位于原承台之下，将老承台托住且设置阶梯式构造进行包裹，并采用植筋方式与老承台进行有效连接。

为保证新增承台混凝土浇筑质量，施工时，在新老承台结合面预留多处压浆管，新浇混凝土距老承台底一定缝隙时停止浇筑，等待至混凝土初凝前立即灌入灌浆料，确保界面密实后，再继续浇筑至老承台侧面。图 4-3-19 所示为新增桩基加固示意图和实例。

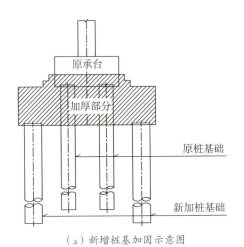
（a）新增桩基加固示意图

（b）新增桩基加固实例

图4-3-19　桩基础加固工程示例

2. 桥墩横向振动加固

桥梁双柱式高墩是设计常用的桥墩形式，但其自身横向刚度相对较差，横向振动幅度比实体桥墩大很多，在车辆荷载作用下会发生明显的横向振动。

某公铁两用长江大桥铁路引桥为双柱式桥墩，随着列车的不断提速，桥梁横向摇摆幅度不断加大，不仅影响旅客的乘坐舒适感，甚至影响列车行车安全。

针对上述状况，铁路部门委托专业机构进行了评估分析与加固处置。分析认为，随着列车速度的增加，墩梁系统的自振频率与车辆通过引发的频率不断接近，进而产生共振现象是使得高墩振幅较大的主要原因。提高墩梁系统的自振频率即提高桥墩横向刚度是解决问题的关键。

根据该桥双柱墩的实际情况，在吸取其他线路双柱墩加固实践经验的基础上，最终确定采用在两柱间增设预应力混凝土横梁的方案，横梁设置数量根据墩身高度而定。这样的加固方法实施后取得了良好的效果，相比于将双柱整体联结为实体墩的方案，具有显著的经济效益和美观性。图4-3-20为双柱式高墩横向振动加固示例。

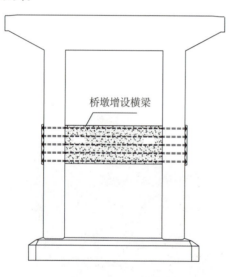 

（a）双柱式高墩抗振加固示意图　　　（b）双柱式高墩抗振加固实例

■ 图4-3-20　双柱式高墩横向振动加固示例

第四节　智能管养

桥梁智能管养是采用物联网技术、信息集成技术实时监测桥址环境、车辆荷载以及结构响应等结构化数据，通过模糊理论、可靠度理论、图像识别、人工神经网络等理论与技术建立桥梁工作状况的数字评估模型。同时,利用网页、手机 App(应用程序)等,记录桥梁日常检查、养护维修、应急管理等管养活动的图表、流程、设备、人员等信息,最后建立智能管养平台,利用大数据分析技术,不断丰富"桥梁+人员"之间的信息关联维度,使得桥梁的管理工作变得更加方便科学,平台更加智能。图 4-4-1 所示为桥梁管养中心的智能管养平台界面。

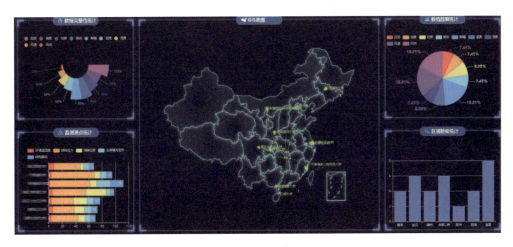

图4-4-1 智能管养平台界面

一、交通监控系统

桥梁是道路的咽喉,一旦出现结构性破坏或发生重大交通事故,将直接造成整条路线的运输堵塞或中断,而违法通行的超重、超限车辆恰恰是造成桥梁结构损伤和重大交通事故的主要原因。为保证结构安全和交通通畅,可通过设置交通监控系统,实现对桥上交通的监测监管。

交通监控系统是由动态称重、车牌识别、视频监控、报警显示、控制管理五个子系统和交通标志标线组成。该系统通过提示、告警、称重、识别、引导、分流、监控,对上桥入口车辆进行控制,引导超重车辆分流驶离桥区,预防桥梁结构受到损伤,保障桥上交通的有序畅通。图 4-4-2 为交通监控系统工作原理示意图。

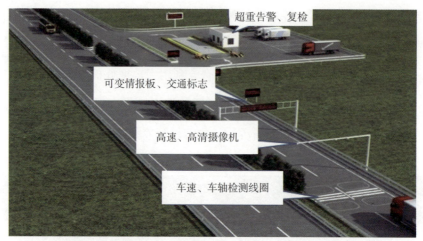

■ 图4-4-2 交通监控系统工作原理示意图

(一)动态称重子系统

动态称重子系统由称重传感器(称重板)、地感检测线圈、动态称重主机等设备组成,实现不停车称重功能。

称重传感器用来完成车轴的称重工作;地感检测线圈用来完成测速,进行车辆的分离,提供开始、结束等信号;动态称重主机处理来自各传感器的信号、计算数据,如轴重、轴距、车速、总重等相关数据,并将数据信息传送给管理计算机。图4-4-3为动态称重子系统设备布置图。

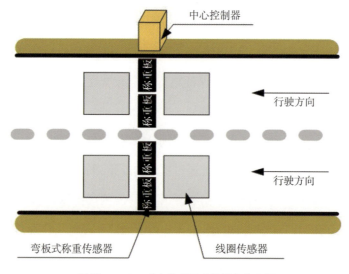

■ 图4-4-3 动态称重子系统设备布置图

(二)车牌识别子系统

车牌识别子系统是利用车辆的动态视频或静态图像,自动识别车牌号码、车牌颜色的系统。其硬件包括触发设备(监测车辆是否进入视野)、摄像设备、照明设备、图像采集设备、图像处理设备等;其软件包括车牌定位算法、车牌字符分割算法、光学字符识别算法等。

一套完整的车牌识别子系统应包括车辆检测、图像采集、车牌识别等部分。当车辆到达检测区域时,采集单元采集视频图像,识别单元对图像中的车牌字符分割后,组成牌照字码输出。如图4-4-4所示。

图4-4-4 车牌识别子系统示例

(三)视频监控子系统

视频监控子系统主要是配合动态称重子系统和车牌识别子系统,对道路进行监控,及时准确地掌握所监控道路范围路口、路段的车辆速度、交通流量等情况。

视频监控子系统可为管理人员提供迅速、直观的信息,从而对超限车辆的通行、交通事故、交通违法及其他各类交通状况做出准确判断并及时响应,并可对监控范围内的超限车辆、交通事故、交通违法等进行录像取证。

图4-4-5所示为视频监控子系统组网示意图,图4-4-6所示为视频监控子系统实时画面。

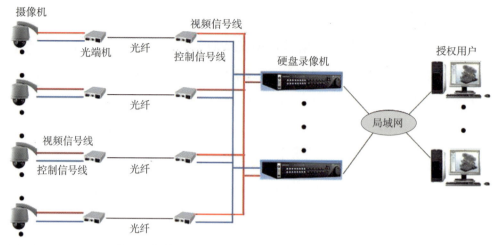

■ 图4-4-5 视频监控子系统组网示意图

■ 图4-4-6 视频监控子系统实时画面

(四) 报警显示子系统

报警显示子系统由超重报警显示屏、龙门架、超限车辆引导路牌、超限报警黄闪灯等构成。

主要内容和做法是，在车辆进入超重预检区域前500 m处，设置固定显示牌，提示车辆驾驶员；通过检查区域后，设置显示牌，提示超重车辆驶离。如图 4-4-7 所示。

■ 图4-4-7 报警显示子系统示例

（五）控制管理子系统

控制管理子系统负责整个系统的数据处理和控制，进行数据分析、存储、统计、汇总、输出等工作，通过在桥梁管理中心配置计算机、服务器及外部设备，对桥梁的交通通行开展日常业务管理。图4-4-8所示为控制管理子系统界面。

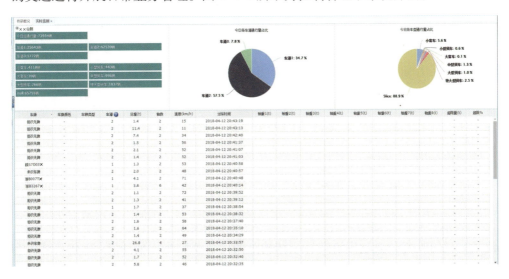

■ 图4-4-8 控制管理子系统界面

（六）交通标志标线

在桥区周边路段、桥梁连接路段设置交通标志提示牌，提示超过限制重量的车辆提前择道，达到预防控制、实现保护桥梁运营安全畅通的目的。交通标志提示牌按照提示桥梁禁止超重车辆通行、分道行驶、称重测速、引导分流及接受检查的顺序设置（图4-4-9）。

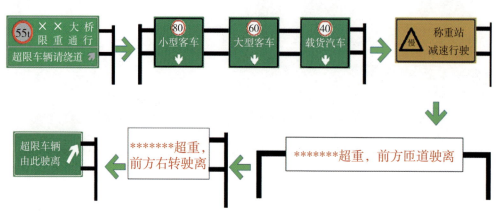

图4-4-9 交通标志牌设置示意图

二、健康监测系统

随着智能监测技术、互联网技术的发展，桥梁结构健康监测系统作为现代桥梁管养的有效工具越来越受到业界重视，国内超300座特大桥已建设运行使用。且随着ABC［人工智能（artificial intelligence）、大数据（big data）、云计算（cloud computing）］产业的不断发展，桥梁健康监测系统也逐渐在区域性中小桥梁中应用。

桥梁健康监测系统的基本原理：桥梁受到外界突发荷载以及在长期服役过程中出现的损伤等将改变结构的刚度、质量或者耗能能力，进而引起桥梁结构动力特性或响应的改变；通过安装在桥梁结构上的传感器监测桥址环境、荷载及结构响应等，利用运行在服务器中的智能算法提取全桥不同部位动力参数信息或其衍生信息，与结构无损状态下的相应信息进行对比，实现桥梁的在线监测和健康评估。系统的数据采集器、传输器、处理器好比人体神经系统的神经末梢、神经中枢和大脑。图4-4-10所示为桥梁健康监测系统工作过程。

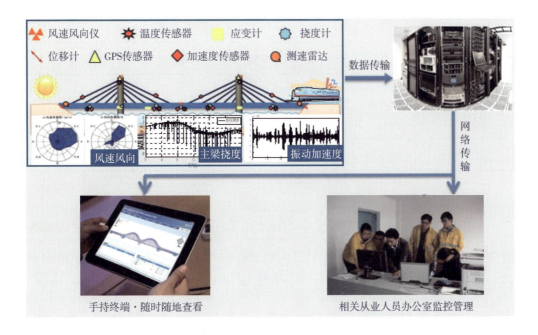

图4-4-10 桥梁健康监测系统工作过程

（一）监测内容

早期桥梁健康监测系统是根据机械、航空领域的成功经验，采用重点监测局部构件的振动响应来实现对整个结构的模态分析预测。目前系统的建设理念逐渐更新，主要针对局部构件可能出现的特殊病害进行监测，首要目的是服务于桥梁的管养，即重点挖掘能减少或取代人工工作量、减少养护成本等方面的价值。监测内容以结构工程师对桥梁结构的运营安全分析的结果为主，综合考虑结构特点、桥址环境、行车安全、相关规范的要求、成功应用的经验、实施维护的便利性及经济性等因素。一般而言，监测内容应包括桥址环境、行车状态、结构响应、耐久性、特殊装置、表观状况六个方面的内容，如表4-4-1所示。

表4-4-1 监测内容

监测类型	监测内容
桥址环境	风、温度、湿度、降雨量、地震及车船撞击等
行车状态	车型、车速、过桥时间等
结构响应	振动加速度、振幅、变形、位移、应变、索力等
耐久性	裂缝、腐蚀等
特殊装置	索夹、伸缩缝、轨道伸缩调节器等
表观状况	列车通行状况、航道状况、异物入侵、人工不易到达的关键部位等

(二) 系统架构

健康监测系统架构由21世纪初的C/S（client/server）架构模式逐渐发展为C/S+B/S（browser/server）架构模式。其由自动化监测子系统、数据存储与管理子系统、安全预警与状态评估子系统、用户界面子系统四部分组成，如图4-4-11所示。其特点是数据采集、传输、存储、处理端采用C/S架构，信息展示采用B/S架构。该系统解决了用户通过浏览器查询信息的问题，达到了远程控制的目的。随着互联网技术的发展，服务器端正在与云技术融合，朝着云存储、云计算的方向发展。

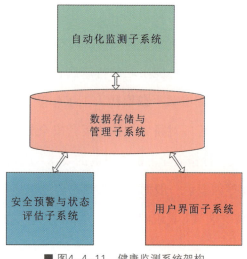

图4-4-11 健康监测系统架构

(三) 自动化监测子系统

该子系统主要由传感器模块、数据采集与传输模块、数据处理与控制模块等组成。

1. 传感器模块

传感器模块是整个健康监测系统的硬件基础，主要由布置在桥梁结构上的各类传感器和专用设备等组成。通过传感器来记录结构响应及荷载、环境特征，以模拟或数字信号反馈给数据采集和存储设备。

传感器的选择主要考虑设备类型、量程、精度、采样频率和耐久性等方面的要求，应结合被测物理量的大小、精度，设备原理、设备寿命、稳定性等因素进行综合比选。

以位移类传感器为例，目前位移类自动监测传感器包括静力水准仪、光电挠度仪、倾角仪、GPS、北斗系统等，其原理及优缺点如表4-4-2所示。

表4-4-2　位移类自动监测传感器原理及优缺点

类别	原理	优点	缺点
静力水准仪（连通管水准仪）	通过测量液位的高低来确定被测体的垂直沉降	测量精度高、稳定性强、不受低温影响	液体的黏滞作用影响液体流动，动态监测精度不高
光电挠度仪	通过光学成像系统来确定位移或变形	动态测量精度高，可识别冲击系数	设备造价高、视野要求无遮挡、观测距离有限
倾角仪	采用角度换算的方式测量结构位移	不需要设定基准点	需预判结构变化曲线，测量精度低
GPS 或北斗系统	通过卫星连续发送自身星历参数和时间信息，经过系统计算求出接收机的三维位置、方向和时间信息	不受气象条件影响	设备造价较高，精度偏低，不适用于中小跨度桥梁

2. 数据采集与传输模块

数据采集与传输模块完成传感器数据的采集、信号调理,并把数据实时传输到数据处理与控制模块。其工作过程如图4-4-12所示。

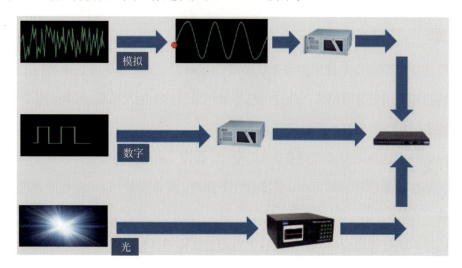

图4-4-12　数据采集与传输模块工作过程

数据采集与传输模块的主要功能:通过软件实现数据采样、数据存储、数据前处理、数据同步传输、参数配置、采样控制、系统自检等功能;对所有传感器信号按照相应的采集制度和采样频率进行实时数据采集和预处理;连续传输来自传感器系统、工作站、数据处理和控制系统服务器以及数据评估服务器之间的实时监测数据、状态和警告信息,能够快速定位报警设备;通过远程控制实现启动、停止、自检、重启、选择存储等,在用户干预下进行数据采集。

3. 数据处理与控制模块

数据处理与控制模块由布置在监控中心的服务器组成,实时接收并处理数据采集与传输模块采集的数据、人工录入的数据和其他系统数据,并对原始数据进行处理和在线评估,实现对原始数据和处理后数据的实时在线显示。

数据处理与控制模块的主要功能:接收数据采集与传输模块采集到的数据,并进行数据存储与处理;管理监测数据库和桥梁状态数据库,监测数据库用于存储原始数据，桥梁状态数据库用于存储二次处理数据、融合数据、结构状态信息等数据。以上数据需定期存档、备份，以保持数据的连续性。

用户可以通过授权访问系统中的各项数据信息。数据分析软件界面如图4-4-13所示。

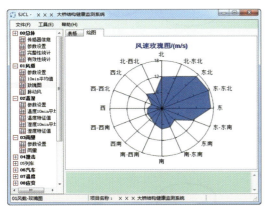
（a）风速玫瑰图

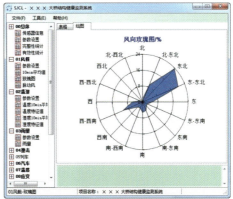
（b）风向玫瑰图

图4-4-13　数据分析软件界面

（四）数据存储与管理子系统

数据类型多样，每种数据都有其自身的特点。根据不同的数据特点，选择适合该数据的存储方式。

1. 数据库存储

数据库用于存储静态信息和报警日志、数据统计结果、其他信息等，其中数据统计结果的数据量比较大。为了提高存取速度，将这些统计数据根据不同传感器类型分别存储到不同的数据库表中，这些数据库表根据实际情况可以存储在不同硬盘或不同服务器上，加快访问速度。如图4-4-14所示。

2. 文件存储

由于结构监测数据量非常大，所有自动化监测的原始数据全部以文件形式保存。数据文件首先存储在采集站，待一个文件结束后传输至服务器集中保存。采

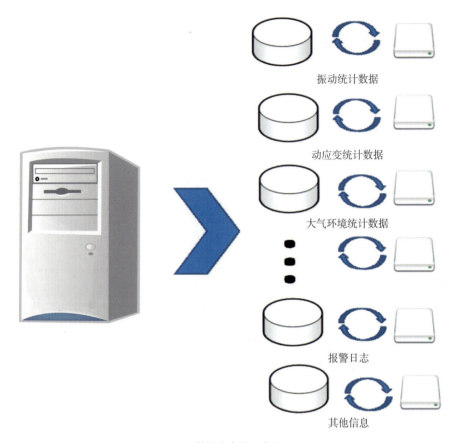

■ 图4-4-14 数据库存储示意图

集的数据应分目录保存。当遇到特殊事件（如台风、地震等），监测数值超过一定阈值或者有其他报警事件产生时，数据保存在"触发数据"目录；没有特殊事件时，数据保存在"普通数据"目录；"触发数据"和"普通数据"下又可按照年、月、日依次进行分类。

3. 视频存储

视频监控的所有视频数据具有数据量大、数据需要循环存储等特点，所以视频监控的数据存储在专门的流媒体存储服务器中，通过流媒体转发服务器存储与读取。

4. 数据下载

为了方便向第三方数据分析软件提供原始采集数据，系统提供了数据下载接口。用户可以通过界面选择需要下载的数据时间范围、数据类型以及转换后的数据格式等信息，选择下载后即可批量将数据下载到本地客户端。图4-4-15为数据库访问接口示意图。

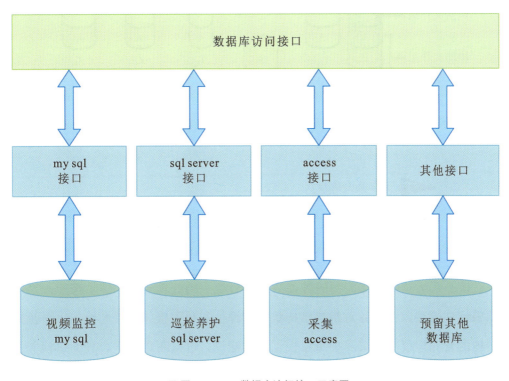

■ 图4-4-15 数据库访问接口示意图

5. 数据安全管理

为了防止数据在系统运行过程中发生非法生成、变更、泄露、丢失等事故，必须对数据的输入、存储、处理及输出进行严格的安全管理，确保数据的准确性、完整性、及时性和保密性。常用的安全管理方式有使用专有网络、设置硬件防火墙、自编软件漏洞测试、用户权限管理、数据备份管理（图4-4-16）等。

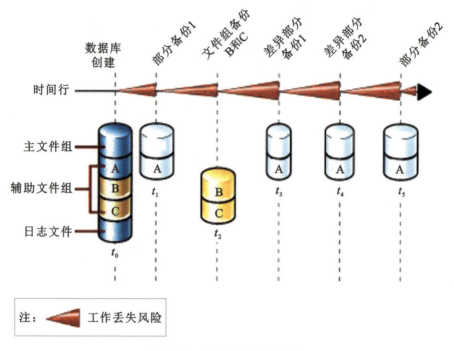

■ 图4-4-16 数据备份示意图

（五）安全预警与状态评估子系统

该子系统对自动化监测的各类数据进行统一的处理分析，然后按照一定的预警评估模型，得到针对桥梁结构状态的评估和预警报告，据此给出针对桥梁结构的管养建议。桥梁养护单位根据管养建议，可以制订经济合理的巡检养护计划。

安全预警与状态评估子系统主要包括数据统计分析、安全预警和状态评估三个模块。

▌ 1. 数据统计分析模块

该模块的主要目的是对实测数据作预处理及分析，包含数据处理和数据分析两个部分。数据处理首先是对数据的异常现象进行诊断，其次是对原始数据中的异常数据进行净化（图4-4-17）、整理，最后计算出目标监测量、特征参数等，并将结果存入数据库的数据表中。数据分析是从数据库中获取经过前处理后的长时间数据,进行在/离线分析,通过统计分析、特征提取、数据挖掘的手段来获取隐含特征、模型参数,并将分析结果存入中心数据库。

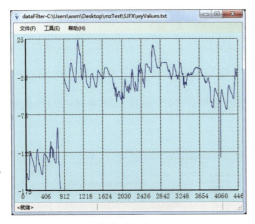 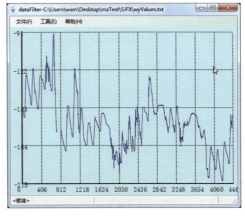

(a)原始数据　　　　　　　　　　(b)净化数据

■ 图4-4-17　数据净化处理软件界面

2. 安全预警模块

该模块的主要目的是及时发现桥梁结构存在的问题,包含设备状态报警和结构状态报警。其中,设备状态报警是指桥梁监测设备工作状态的报警,由数据异常识别来诊断仪器异常;结构状态报警是指桥梁关键部位在活荷载等作用下结构响应报警、正常使用极限状态报警以及承载能力极限状态报警,通过对结构变形等监测参数建立报警指标,对监测结果进行分析预测,并分级报警。系统分两级报警:第一级为橙色报警,当实测数据连续6次超过通常值限值时进行异常报警;第二级为红色报警,当实测数据超出安全限值时进行安全报警,如图4-4-18所示。

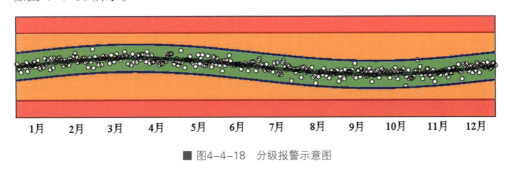

■ 图4-4-18　分级报警示意图

3. 状态评估模块

状态评估模块的主要目的是对桥梁结构的技术状态进行评估，包括桥址环境评估、桥梁承载力评估、疲劳评估、桥梁刚度和其他专项评估。桥梁健康监测安全评估的分析方法和理论主要有模型修正法、损伤预判法、参数识别法、层次分析法、可靠度理论、统计识别法、模糊理论、神经网络与专家系统理论等。实际运用过程中，不同的方法和理论需结合使用，以增加评估结果的准确性。图4-4-19所示为结构评估软件界面。

（a）测点信息

（b）分析结果

图4-4-19　结构评估软件界面

（六）用户界面子系统

用户界面子系统主要基于 B/S 架构模式开发，在这种结构下，用户工作界面通过浏览器来实现，极少部分事务逻辑在前端实现，主要事务逻辑在服务器端实现，这样就大大简化了客户端计算机的载荷，减轻了系统维护与升级的成本和工作量。界面可以提供各种数字表格、曲线图形、分析报表等丰富的展示形式，提高用户使用的便利性。用户界面主要实现监测数据实时查询、采集数据历史查询、特殊事件发生时段监测数据查询、监测数据分析结果查询（图 4-4-20）等功能。

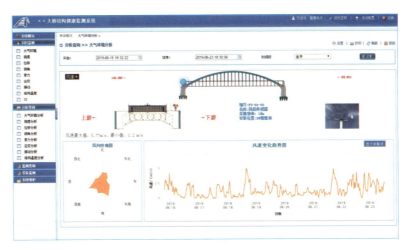

■ 图4-4-20　监测数据分析结果查询界面

近些年，随着 BIM（building information modeling，建筑信息模型）技术的发展，用户界面子系统逐渐与 BIM 技术相结合，通过监测信息与 BIM 构建的关联，能实现监测信息的可视化展示，丰富界面展示内容。如图 4-4-21 所示。

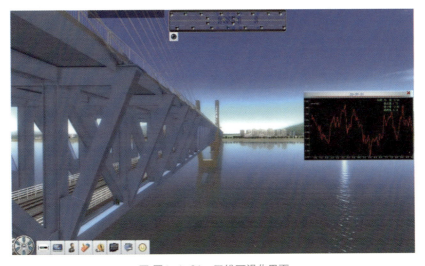

■ 图4-4-21　三维可视化界面

（七）工程示例

某长江大桥健康监测系统监测范围为主航道桥和专用航道桥。该监测系统采用集环境、桥梁、轨道、行车于一体的综合监测方法。自动化监测内容包括桥址风速、风向、温度，结构姿态与变形，结构振动响应，汽车及列车运行状况等20项内容。

监测系统由自动化监测、定期监测、数据存储及管理、综合报警与评估及用户界面5个子系统组成。系统支持网页及App访问，可查看、存储、分析各类监测数据，结合超阈值报警信息推送，及时发现结构潜在异常情况。结合在线日报表和季度报告，可以代替如索力、桥面线形等人工检测的作业，使天窗点检查更有针对性。还可查看主梁线形、行车振动响应等长期变化规律，也可为强风、地震、船撞等特殊作用下桥梁的应急检查和结构安全评估提供技术决策依据。该桥健康监测系统界面如图4-4-22所示。

■ 图4-4-22　某长江大桥健康监测系统界面

三、智能管养平台

随着物联网、大数据、云计算等技术的飞速发展，以及桥梁群监测概念的兴起，各个应用系统的业务之间的联系更紧密，流程自动化程度也更高。建立"多桥统一"的智能管养平台，摒弃"一桥一系统"的建设方法，统一智能监管，能够提高管理效率，节约社会资源，使得桥梁监测任务更集约、更高效。

桥梁的智能管养平台是利用大数据分析、多指标分级预警等技术，实现对区域性桥梁群进行数字化、精细化、智能化管理。桥梁数字化是利用三维可视化建模技术、智能感知技术和数字仿真技术将桥梁的静态资料和动态响应结果全部数据化，形成桥梁数字化档案。精细化是利用机器视觉识别技术、多指标预警技术，对桥梁病害进行精确感知，并对特殊事件进行准确预警，同时，将整个管养业务的过程信息利用统一标准记录下来，形成可利用的结构化数据，对数据进行初步统计分析后，线上实现"巡检+病害+养护"日常管理以及"特殊事件+应急预案+处置建议"应急管理。智能化是利用大数据分析技术，建立"人员+桥梁"的关联，让桥梁真正"发声"，智能化地指导管理工作。

智能管养平台总体架构分为设施层、数据层、业务层和应用层四个层面，如图4-4-23所示。

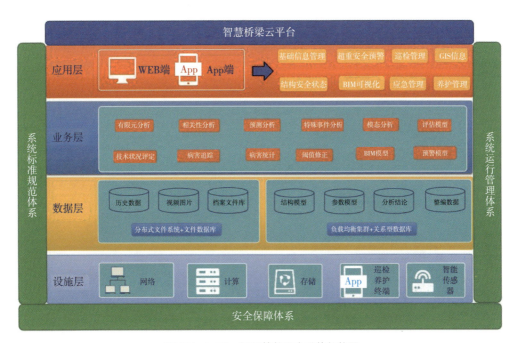

■ 图4-4-23 智能管养平台总体架构图

（一）设施层

设施层主要采用物联网技术，在桥梁上安装多种类型的传感器，建立传感器网络，通过测量桥梁关键节点的挠度、应力、温度、振动等基础信号值，实现对桥梁实时健康状态的监测。该系统主要用来进行桥梁监测数据的采集与传输（图4-4-24）。

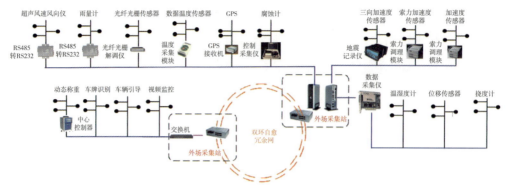

■ 图4-4-24　数据采集与传输拓扑图

大桥现场数据与监控中心数据之间的传输主要包括两种方式：一种是通过大桥现场与监控中心预留的主光纤网络进行传输（图4-4-25）；另一种是当大桥现场与监控中心之间未预留主光纤网络时，采用无线通信的方式进行传输。

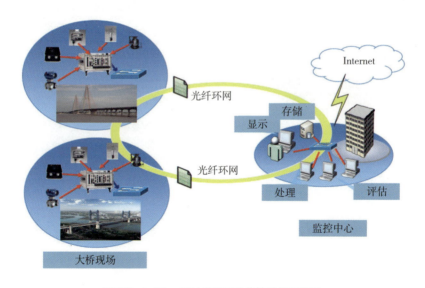

■ 图4-4-25　通过光纤网络传输数据示意图

（二）数据层

数据层是整个系统中的一个大的数据库，它包含了桥梁本身的档案数据、结构模型数据、参数模型数据，设施层采集的数据及业务层处理的数据等。

数据格式有结构化的数据库数据，非结构化的图片、视频等文件数据。由于对数据的存储周期、读写效率等各项指标要求均不同，结构化数据存储在具备高速缓存的存储区，非结构化的图片、视频等数据则存储在低速、大容量、高压缩比的存储区。通过异构数据融合中间件，将各个系统中产生的数据归类存储到不同服务器中或者同一套存储服务器的不同分区中，由统一的数据管理服务器作为中间代理，对外向用户提供数据交互接口。

(三) 业务层

业务层包含了系统所需要的所有功能上的算法和计算过程，并与数据层和应用层交互。

模型（modeling）作为智能管养系统的基础，必须要保证其完整性和精确性。同时，模型的等级以满足应用要求为主，在 BIM 技术中，通常采用 LOD（level of details）来表示模型的等级，如表 4-4-3 所示。

表4-4-3 模型的等级

等级	细致程度		备注
	英文	中文	
LOD 100	conceptual	概念化	表现结构整体类型的建筑体量
LOD 200	approximate geometry	近似构件（初步设计阶段）	表现结构的主要结构尺寸
LOD 300	precise geometry	精确构件（施工图及深化施工图）	表现结构的精确尺寸和细节
LOD 400	fabrication	加工	按照施工和制造方式，进一步细化模型
LOD 500	as-built	竣工	竣工模型，用于运维管理

图 4-4-26 所示为钢梁 BIM 模型示意图。

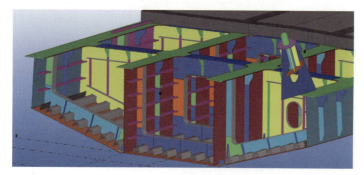

图4-4-26 钢梁BIM模型示意图

有限元分析主要包括损伤敏感性分析、最不利状态加载分析、极限承载能力分析，有利于定量了解结构状态和各种危险性后果和影响，有利于把握监测的重点，确定监测的内容和精度要求，为测点布置和优化提供依据。结合实测数据进行的计算分析还可以进行结构状态评估。

监测数据分析包含相关性分析、预测性分析、特殊事件分析、巡检数据分析等内容。随着监测范围的扩展、监测数据维度的增加、中间分析结果的递增，该部分内容正朝着大数据技术和人工智能的方向发展。

（四）应用层

应用层是用于系统与管理用户进行监测数据交互的窗口，满足桥梁管理人员监测管理的需求。图4-4-27所示为智能管养平台应用层界面。应用层的主要功能包括基础信息管理、智能监测管理、巡检养护管理、特殊事件应急管理、综合信息管理等。

图4-4-27 智能管养平台应用层界面

第五章
未来桥梁工程技术及挑战

W
WEILAI QIAOLIANG GONGCHENG
JISHU JI TIAOZHAN

建造桥梁，特别是建造大跨度桥梁，是一件充满挑战性的事情。它不仅需要大量投资，还需要社会能够提供有关材料、结构、机械设备以及加工制造、施工管理等多方面的技术支持。一个国家建造桥梁的能力，能综合反映出这个国家科技水平的高低。

跨度是一个能反映出桥梁科技总体水平的指标。目前，世界上跨度最大的十座悬索桥中，我国占了五座；跨度最大的十座斜拉桥中，我国占了六座；跨度最大的十座拱桥中，我国占了七座。

近年来，在我国西部大开发、"一带一路"倡议的实施过程中，作为能够改善地缘现状的工具，桥梁工程发挥了重要作用。一方面，这些战略和倡议提出了新的要求，使桥梁工程技术面临挑战；另一方面，我国正在实施供给侧改革，各个行业都在沉淀技术成就，提升产品技术等级。如何利用相关行业取得的技术进步来促进桥梁工程技术的发展，也是技术工作者面临的挑战。

第一节　建设跨海长桥的挑战

在陆域的大江大河上、高山峡谷间建造桥梁来实现通达，目前已经问题不大。但地球表面上陆地只约占29%，约71%是海洋。浩瀚的海洋将陆地割裂开来，是主要的地缘障碍。走向海洋，是桥梁工程技术的未来发展方向。

远海交通多以水运为主，近海交通起初一般采用轮渡。随着现代交通科技的发展，轮渡交通暴露出一些不足，如港口建设不均衡、通航易受海况影响、航线两端与公路和铁路等陆地交通衔接的效率低等。跨海大桥是替代轮渡交通的一种较为理想也常被采用的方案。

国外较早建设跨海大桥，如丹麦早在20世纪30年代就建成10余座跨海大桥，开始用跨海大桥来替代轮渡运输。我国直到20世纪末期才开始建造跨海大桥。进入21世纪后，我国加入世界贸易组织，沿海的建桥需求增加，先后修建了一些世界著名的跨海长桥。可以预见，随着"一带一路"的深入，建造跨海大桥的需求还将不断增加。

我国的三大海峡都有公路和铁路交通的需求。其中，渤海海峡连接山东半岛和辽东半岛，两地直线距离约 105 km。海峡中有大小岛屿共 15 个。海峡东部的老铁山水道宽约 41 km，水深 50～60 m，最大水深 83 m。台湾海峡东西宽约 200 km、从东北到西南长约 440 千米（最狭处仅 130～135 km）。台湾海峡平均水深约 60 m，最大水深 88 m。琼州海峡位于海南省海南岛和广东省雷州半岛之间，最窄处宽约 19.4 km，中间没有岛屿可资利用。琼州海峡平均水深约 44 m，中部为潮流深槽，最大水深约 114 m。

建设三大海峡的跨海通道，有桥梁和隧道两个工具可用。比较而言，桥梁方案更有文化融通象征，并且在综合经济性能、交通通过能力、遭受破坏后的可维修性等方面具有优势，因此备受期待。不过，跨越三大海峡的建桥需求给桥梁工程技术提出了巨大挑战。

一、建桥规模很大

第一个挑战是建桥规模很大。我国已建成的跨海长桥中，舟山连岛工程金塘大桥长 26.5 km，上海东海大桥长 32.5 km，杭州湾大桥长 36 km，青岛海湾大桥长 41.58 km，港珠澳大桥长 55 km（其中正桥长 29.6 km）。港珠澳大桥也是世界范围内最长的跨海工程，国外跨海大桥最长的是 37.3 km 长的日本濑户大桥和 37 km 长的美国切萨皮克湾大桥（Chesapeake Bay Bridge）。

一方面，待建的渤海海峡和台湾海峡通道长度均超过 100 km，在建设规模上，从 55 km 到 100 km，这是一个很大的跨越。另一方面，三大海峡都比较深，水面以下的工程量占比更高。除此之外，三大海峡的交通需求都包括公路和铁路，需要建造公铁两用大桥，这又使工程的规模增长了约 50%。

工程规模大，意味着投资会很大，还意味着施工风险、工程管理复杂程度都很高。

二、桥梁深水基础

第二个挑战,是在水深 80～100 m 的深海建造桥梁基础。深水桥梁基础一直是桥梁工程中难度最大、风险最高的项目之一。这也是工程技术层面面临的主要挑战。

深水区域的桥梁基础,国外早期主要采用气压沉箱,20 世纪 30 年代沉井逐渐成为优先考虑的基础类型,70 年代后,各国都有各自偏爱的类型,形成了独特的技术风格。我国在 50 年代修建武汉长江大桥时,首创管桩基础,之后大力推广混凝土管桩和混凝土桩基础。60 年代我国修建南京长江大桥时,发展了重型沉井、深水浮运钢筋混凝土沉井和钢沉井;修建成昆线时,又开始大规模地发展钻孔桩基础。70 年代修建九江长江大桥时,首创了双壁钢箱围堰钻孔桩基础。80 年代修建茅岭江铁路大桥时,采用了套箱围堰。至 90 年代,我国深水基础的施工和技术水平已进入世界先进行列。

我国已建的跨海长桥主要位于长江、珠江和钱塘江等大江大河的入海口区域。这些海域的水深大多不足 20 m。我国在大江大河中修建的桥梁,基础最大水深在 40 m 左右。考虑水面涨落和河床冲刷因素,最大施工水深约有 70 m。

世界范围内,桥梁基础的水深纪录是 65 m,是由法国建筑商 2004 年在希腊科林斯海湾建造里翁-安蒂里翁大桥时创造的。该桥基础为直径 90 m、高 9～13.5 m 的沉箱,置于 3 m 厚的沙砾垫层上,其上是直径从 38 m 过渡到 27 m 的圆台形桥墩。沙砾垫层之下的土体,用 200 根直径 2 m 的钢管以 7～8 m 的间距进行加固。沙砾垫层包括厚 50 cm 的底部反滤砂层、厚 2 m 的卵石中间层和上部厚 50 cm 的碎石层。施工时,仿照石油工业中普遍应用的钻井平台,特别建造了一艘专用驳船,并在驳船上装配了可以进行 65 m 以下海床挖掘、埋设钢管桩、铺设和找平沙砾层等作业的专用设备。

建筑基础有浅平基和深基础两种基本类型。而桥梁工程通常都采用深基础,如桩基础、沉井基础等。里翁-安蒂里翁大桥的基础形式突破了这一常规,它是浅平基在深海条件下的创新运用。它通过插打钢管桩来提高地基承载力；通过铺设反滤沙砾垫层，实现基础找平、隔离地震作用和降低冲刷；通过扁平的大尺寸设置沉箱，来隔离沿桥墩前侧俯冲和绕桥墩两侧及后方翻漩的海流，有效防护地基，并将桥墩荷载分散传递到地基上。

里翁－安蒂里翁大桥的上部结构是跨度560 m的斜拉桥，桥塔顶至海面的高度为160 m，基础需要传递的结构自重、风力等荷载还不太大，基础设计的控制因素是地震响应，采用这种基础是合理的。我国三大海峡通道工程中，通航孔桥的跨度为1400～2000 m，海面以上的桥塔高度超过350 m，桥址区域的地震反应谱重力加速度比希腊里翁－安蒂里翁大桥要小，水更深，洋流和风浪更大。这种情况下，控制因素很可能不再是地震响应，而是波浪、风力或船撞等其他因素，因此，里翁－安蒂里翁大桥的这种基础形式在我国三大海峡通航孔桥中就未必合理了。不过，里翁－安蒂里翁大桥的这种深海设置基础，对我国三大海峡桥的非通航孔桥还是具有重要借鉴价值的。

我们在深水基础技术方面还需要继续创新。

三、海上大跨度桥梁

第三个挑战，是海上大跨度桥梁的合理结构形式。

我国三大海峡的航道宽度要求的桥梁跨度为1400～2000 m。悬索桥的跨越能力大，因而建造时首先想到的自然是悬索桥。世界上已经建成的悬索桥中跨度最大的是日本的明石海峡大桥，跨度达1991 m；在我国，是武汉的杨泗港长江大桥，跨度1700 m。但是悬索桥需要庞大的锚碇来固定主缆，已经建成的悬索桥的锚碇大都布置在岸上，锚碇布置在水域的只有丹麦的大贝尔特跨海大桥（Great Belt Bridge），也是在浅水区。在深海上建造悬索桥面临的问题是两端的锚碇要把主缆的水平力传递到80～100 m深的海底，成本会很高。这个水平力大约会大于9×10^5 kN。

斜拉桥是另一个可能的结构体系，它一般没有锚碇。我国的斜拉桥中跨度最大的是苏通长江公路大桥，达 1088 m，是公路桥；跨度 1092 m 的沪通长江大桥，是公铁两用大桥。斜拉桥的问题是跨越能力还不够大。

在提高跨越能力方面，提升材料性能具有重要意义。大跨度桥梁所承受的荷载，80%～90% 是其自身的重量，只有 10%～20% 是桥上车辆、风浪等其他因素的作用。从这个角度看，减轻结构的重量是增大跨度的重要途径。其中，材料强度是一个重要指标。我国的桥梁结构钢，其屈服强度从新中国成立初期的 235 MPa 提升到了现在的 690 MPa，进步很大。一些新的材料，如碳纤维索，极限强度与钢材差不多，但密度只有钢材的 1/6，具有优势。这些新材料如何运用到未来的大跨径海上桥梁工程中去，相关试验研究工作也正在进行。

近年来，我国桥梁工程上部结构的技术发展很快。正在设计中的还有跨度 1176 m 的斜拉桥，以及跨度 1200 m 以上的斜拉－悬索协作体系桥等。相信不用多久，就可以建造跨度 1400～2000 m 的自锚式公铁两用桥梁。

四、工程设备

第四个挑战是工程设备。

首先是浮吊。在海上，建桥环境要比在陆地上恶劣许多，需要在桥址附近的陆域预制大型桥梁构件，用浮运和船运等方法把预制构件运到桥位，然后用浮吊提升预制构件，架设到位。浮运架设是一个复杂的过程，浮吊的起重能力通常是浮运架设工法实施效率的控制因素。1998 年建成的丹麦大贝尔特跨海大桥，建设过程中研制了起重能力 6000 t 的浮吊。该浮吊后经改造，起重能力提升到 8500 t，用于建造跨越诺森伯兰海峡的加拿大联邦大桥（Confederation Bridge）。我国也研制了桥梁工程专用浮吊，具备从码头取梁、吊梁航行至桥位、将梁架设至墩顶等功能，整体技术水平居世界前列，但是最大起重能力只有 3600 t。这主要是由于这些浮吊都是为建造浅海区桥梁而专门设计制造的，适用于跨度 60～90 m 的浅水区桥梁。深海区域建桥，下部结构费用很高，规模最为庞大的非通航孔桥梁的经济跨径可能都在 500 m 以上。从工程经济性的角度看，研制起重能力更大的浮吊是必不可少的前提条件。

其次是深水桥梁基础施工所需的成套设备。深海桥梁基础施工困难主要有两个方面的原因。一方面，海底的情况因看不清而不可知，特别是处理异常情况的风险有时会很高。用于观察的技术设备主要依靠光学和电磁波技术。深海施工场地的海水浑浊，光线昏暗，光学仪器很难成像。另一方面，常规电磁波在海水中衰减很快，雷达等电磁成像设备的探测能力也有限，无法探测到那么深的海底。国外已有运用激光等极高频电磁技术的海底成像设备，但由于技术封锁等原因，暂时还无法用于我国桥梁施工。我国深水桥梁施工过程中为了探测水下实际情况，通常是派遣潜水员下水探查。而人工潜水的极限深度只有约 60 m，因此，还是需要研制海底成像设备。可喜的是，近年来我国水下无人机技术发展很快，这方面的技术问题有望得到解决。

在海底施工作业必须要有机械设备，目前我国深水设置基础成套施工设备的能力还不足。这些设备包括覆盖层地基的加固和挖掘设备，以及岩石地基的爆破、掘削和磨平设备。我国在修建大连星海湾大桥和芜湖长江公铁二桥时，已尝试采用了设置基础并取得成功，已初步具备 50 m 以内深水挖掘、垫层抛石和整平的技术能力。未来还需要开发研究水深大于 60 m 的集钻孔爆破、大吨位挖掘整平、水下探测等多功能于一体的智能化设备。

最后是海上长桥的施工监测设备。桥梁在施工过程中，需要实施严密监测，以获得各部件的位置和内力的实际情况。测得这些数据以后，通过理论分析判断出施工偏差，然后在下一工序中采取合适的对策给予纠正，如此才能保证桥梁在建成后的内力和线形符合要求。高质量的施工监测可以有效降低桥梁施工风险。为了减少干扰信息，在陆域建桥时，这些监测都是在受外界影响极小的情况下进行的。而海上长桥在建设过程中，风平浪静的时间很少，监测会很困难。因此，我们还要研发一些适合海洋环境的高精度桥梁施工监测设备。

第二节　养护旧桥的挑战

一座桥梁自建成以后，在重力、行车、降水、刮风、日照、地震、船撞等因素作用下，功能日渐衰退。和人一样，桥梁也逃不脱"生老病死"的自然规律，也是有寿命的（图5-2-1）。医学在延长人类的寿命方面成效卓著，而如何去诊治桥梁的病患，还只是一门刚兴起不久的学科。

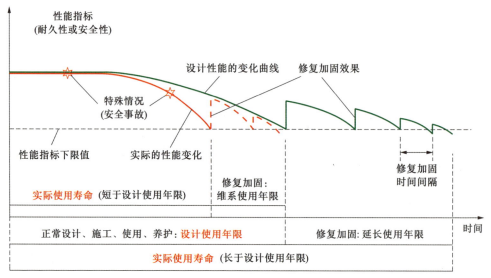

■ 图5-2-1　桥梁全生命周期的性能发展趋势

我国是桥梁大国，公路和铁路桥梁的总数超过100万座，居世界第一。桥梁的建造成本很高，尽可能延长其使用寿命，可以有效提高投资效率，具有很高的经济价值和社会价值。

我国的桥梁大部分是在改革开放以来的40多年，尤其是近20年内建造的。我国的公路桥，有65.4%建于2001年以后，有85.5%建于1977年以后。在我国的铁路桥中，建于1987年以后的也占了86%。可见，我国的多数桥梁都还在"青壮年"时期，病患发生率目前比较低。但随着时间的推移，这些桥梁也会逐渐进入病患多发的"中老年"时期。考虑到这些桥梁是在一个较短的时期内兴建的，将来这些桥梁会不会也在一个较短的时期内"寿终正寝"呢？若真如此，将会给我国的社会经济发展造成沉重负担。

其实，这个担心是不必要的。首先，我国桥梁的设计使用年限并不一致，有些不太重要的小桥设计使用年限只有 30 年，中桥是 50 年，重要的桥梁是 100 年。其次，施工质量的差异使得桥梁建成时的预期寿命与设计使用寿命并不是完全一致的。最后，每座桥所处的自然环境和使用环境都不同，再一次分散了桥梁将来发生病患的时间段。这些因素决定了桥梁病患集中爆发给社会经济发展带来灾难性后果的可能性是非常小的。虽然如此，对特定的一座桥而言，病患发生率总是随桥龄的增长而增长的。因此，未来我国桥梁出现病患的情况应该是一个平缓增长的态势。

桥梁在使用阶段的管养工作大致可分为桥梁健康状态监测与评估、桥梁防灾减灾和桥梁维修加固等部分。

一、健康状态监测与评估

桥梁健康状态监测与评估，通过早期发现桥梁病害，能大大节约桥梁的维修费用，可以避免因频繁大修关闭交通所引起的重大损失。这项工作最早可追溯到 20 世纪 50 年代，但早期的监测手段比较落后，应用上一直受到相当大的限制。20 世纪末，随着桥梁结构复杂程度越来越高，建设投资越来越大，这项工作逐渐受到重视，已成为桥梁工程界关注的研究热点之一。

传统的检测手段可以对桥梁的外观及某些结构特性进行检测，其结果一般也能部分地反映结构的当前状态，但却难以发现隐蔽构件的损伤，难以全面反映桥梁的健康状况，尤其是难以对桥梁承载能力的安全储备以及退化途径做出系统评估。

近年来，学者们一直在寻找一种能适用于复杂结构的整体损伤监测和评估方法。目前认同度较高的方法是结合系统识别、振动理论、振动测试技术、信号采集与分析等跨学科技术的试验模态分析法。这种方法早期用于航空航天、精密机械等领域的故障诊断、荷载识别和动力学修改等问题。围绕这个思路，近年来学者们提出了许多结构整体检测方法，从研究和应用的角度看，大致可分为模型修正法和动力指纹分析法两类。目前这些方法的实用性都还比较低，有待进一步研究。

二、防灾减灾

桥梁防灾减灾是在关注灾害源、灾害载体和承灾体的前提下提出的相关对策。桥梁在使用过程中，有可能遭遇地质灾害、气象灾害、爆炸与火灾以及其他灾害。在遭遇这些灾害时，我们要尽可能地使桥梁不受损伤、少受损伤、不倒塌，倒塌时能将损害降至最低。

桥梁工程技术的研究内容目前还主要集中在桥梁建造过程和正常运营过程上。在桥梁建造之前的规划设计过程中，已经对桥梁的洪水冲刷、地震响应、风致振动等问题进行了研究，已掌握桥梁在这些自然灾害中的破坏机理。但是当桥梁遭遇超出预料的灾害而受到破坏时，有关研究还相当欠缺。

防灾减灾工作一直贯穿于桥梁工程的各个领域。在桥梁运营时期，这项工作的前提是桥梁健康状态监测和评估。如因洪水冲刷倒塌的桥梁，在发生洪水之前可能其基础遭受冲刷的情况就已经非常严重。如果能及时发现问题，提前进行基础冲刷防护施工，那么就很可能避免桥梁在经历洪水灾害时发生倒塌的情况。这一方面需要桥梁管养部门提高警惕，仔细工作；另一方面，也需要科技工作者能创造出一些好的方法和设备，以减轻桥梁防灾减灾工作的负担。

三、维修加固

桥梁的维修加固主要是针对影响桥梁正常使用、威胁桥梁结构安全、危害桥梁耐久性的重大问题展开的工作。桥梁的维修加固需要综合考虑桥梁结构设计、桥址环境、病害特点、资金投入等多方面因素，其设计和施工的难度往往大于新建桥梁。桥梁的维修加固大致可以分为三类。

第一是当可以更换的部件受损时，应及时进行更换。如更换护栏、桥面行车道铺装层、钢构件涂装层、斜拉索、吊杆、梁端伸缩缝、支座、阻尼器等。

第二是当不能更换的主要承力构件受损且情况较轻时，通过结构措施补充受损构件的强度和承载能力，使其满足结构受力需求。这些结构措施包括粘贴钢板、碳纤维布、纤维增强塑料等。

第三是当不能更换的主要承力构件受损且情况较严重时，通过结构措施减轻受损构件所需承担的荷载，避免其彻底破坏而引发事故。这些结构措施包括增加体外预应力钢索、叠合加劲梁、改变结构受力体系等。

桥梁主要承力构件损坏时一般情况复杂，维修工程师通常面临两个难题：一是哪些构件有损伤，二是这些已经损伤的构件的性能如何。这两个问题都非常棘手，以现有的技术，要彻底查明白的代价很高，因此现阶段维修加固通常还伴随着较大的不确定性。历史上曾有受损桥梁在加固施工完成后一个多月就发生坍塌的案例。可见，发展桥梁维修加固技术还任重道远。

第三节　桥梁工程信息化的挑战

人类社会自 18 世纪 60 年代开始工业革命以来，先后经历了蒸汽时代和电气时代，并在 20 世纪 50 年代中期迎来第三次发展浪潮，进入信息化时代。信息社会与前两次浪潮中的农业社会和工业社会的最大区别是不再以体能和机械能为主，而是以人工智能为主。在技术层面上，信息化整合了半导体技术、信息传输技术、多媒体技术、数据库技术和数据压缩技术等。自 20 世纪末期以来，信息化逐渐深入传统行业，已成为促进传统行业不断发展进步的主要因素之一。

信息化发展浪潮在土木工程领域产生的最新技术是 BIM 技术，即建筑信息模型技术。在桥梁工程中，这项技术最初被用来解决建设期间众多参建部门之间的数据共享和信息交流问题，后来发现建设期间的信息模型在桥梁运营阶段的管养工作也具有重要价值，BIM 技术就逐渐发展成了贯穿桥梁整个生命周期的重要技术。

在桥梁工程的生命周期内，有众多和工程有关的参与方，如出资人、工程管理方、规划方、设计方、材料供货商、预制部件制造商、设备提供商、施工安装方、监控监理方、运营维护方、健康监测方以及政府管理部门等。在每个参与方内部，又涉及诸多与工程相关的部门。在各部门之内，也是多人共同工作的。这些不同角色的参与者在工作中都利用并产生局部的桥梁信息。在传统工作模式中，这些信息的流通是不完全也不畅通的，形成一个又一个的信息孤岛。这种现象导致各参与方协同工作时，总是出现沟通、协调问题，影响工作效率，最终导致一些工程质量、进度和安全方面的问题，甚至因此发生工程事故，造成严重后果。

BIM技术以桥梁三维模型为基础，集成与工程项目有关的一切信息。模型信息随桥梁生命周期的延长而不断丰富，重要的历史数据也经分类后妥善保存与管理。它强调全员、全信息、全过程参与，可以有效解决信息孤岛问题，提高各参与方协同工作的效率。它以减少问题发生率的方式，促进工程质量、进度和安全的全面提升，实现节约投资的目的。

目前桥梁工程各个环节中的信息化技术发展很快，相信不久之后就可以初步满足BIM技术的需求。全面应用BIM技术后，桥梁工程各个环节的工程质量和工作效率会有一次很大的提升，现有的工作流程和业界生态也可能发生一些变化。

在未来，BIM技术还将与物联网、大数据等技术相结合，使桥梁不但能实时汇报性能数据，还能通过与历史数据的对比分析，呈现出桥梁状态的变化，使桥梁工程技术逐步发展到智慧桥梁阶段。

附录

国际桥梁奖与中国桥梁奖

1. 国际桥梁奖

国际桥梁大会（International Bridge Conference，简称IBC）是美国宾夕法尼亚州西部工程师协会主办的学术会议，在世界桥梁界具有广泛的影响力。大会每年举办一次，包括主旨报告、论坛报告、专业论文发表、专题展览、桥梁技术奖颁奖、国家级主题年活动等内容，迄今为止已成功举办35届。国际桥梁大会设立了1个个人终身成就奖、4个工程项目奖。具体奖项如下：约翰·罗布林奖（John A. Roebling Medal）、乔治·理查德森奖（George S. Richardson Medal）、古斯塔夫·林登少奖（Gustav Lindenthal Medal）、尤金·菲戈奖（Eugene C. Figg Jr. Medal）和阿瑟·海登奖（Arthur G. Hayden Medal)。

约翰·罗布林奖：这是以著名桥梁设计师约翰·罗布林的名字来命名的桥梁工程终身成就奖，主要表彰在桥梁设计、工程建设及学术研究方面具有卓越成绩的专家。

乔治·理查德森奖：这是一项桥梁工程建设杰出成就奖，主要表彰在设计、工程建设、科研方面表现杰出的桥梁工程。

古斯塔夫·林登少奖：这是一项示范性桥梁工程杰出成就奖，其评选内容主要涉及桥梁的技术与材料的创新、外观设计、与周边环境的和谐度以及其公众参与度。

尤金·菲戈奖：这是以著名桥梁设计师尤金·菲戈先生的名字命名的奖项，主要表彰那些建成了富有想象力和创新性的标志性桥梁的投资者或设计者。

阿瑟·海登奖：该奖项由《桥梁设计＆工程》杂志所创，以表彰已建成的带有创新元素的特殊用途桥梁，如人行桥、城市铁路系统、非传统结构等。

2. 中国桥梁奖

中国建设工程鲁班奖（国家优质工程）：简称鲁班奖，设立于1987年，原名为建筑工程鲁班奖，后改为中国建筑工程鲁班奖（国家优质工程），2008年更名为中国建设工程鲁班奖（国家优质工程）。该奖项由中国建筑业协会组织评选，是中国建筑行业工程质量最高荣誉。评选范围包括中国境内已经建成并投入使用的各类新（扩）建工程，包括住宅工程、公共建筑工程、工业交通水利工程及市政园林工程。

中国土木工程詹天佑奖：简称詹天佑大奖，设立于1999年，由中国土木工程学会和北京詹天佑土木工程科学技术发展基金会联合设立，是中国土木工程领域工程建设项目科技创新的最高荣誉奖。该奖旨在奖励和表彰我国在科技创新和科技应用方面成绩显著的优秀土木工程建设项目。

"20世纪世界最美的桥梁"评选

20世纪末,国际桥梁与工程协会从全世界100多个国家的上千座桥梁中遴选出15座,授予其"20世纪世界最美的桥梁"称号。这15座桥梁如下所示。

悬索桥:美国旧金山金门大桥(Golden Gate Bridge)、土耳其博斯布鲁斯海峡大桥(Bosporus Strait Bridge)、丹麦大贝尔特跨海大桥(Great Belt Bridge)。

斜拉桥:法国布鲁东纳大桥(Brotonne Bridge)、瑞士桑尼伯格大桥(Sunniberg Bridge)、法国诺曼底大桥(Normandy Bridge)、日本多多罗大桥(Tatara Bridge)、德国科隆塞弗林大桥(Severin Bridge)、中国香港汀九大桥(Ting Kau Bridge)、瑞士甘特桥(Ganter Bridge)。

拱桥:瑞士萨尔基那山谷桥(Salginatobel Bridge)、澳大利亚悉尼海港大桥(Sydney Harbour Bridge)、德国费马恩海峡大桥(Fehmarnsund Bridge)。

梁桥:德国克希汉姆跨线桥(Kirchheim Bridge)、法国奥利机场跨线桥(Orly Bridge)。

后记

《走近桥梁》一书经过两年多时间的编撰，终于与读者见面了。

桥梁是人类改善交通的重要工程。许多桥梁还与当地的历史文化相交融，构成极具特色的桥梁景观。桥梁不仅仅是交通建筑，更是历史和文化意象的符号。一个国家建造桥梁的能力，综合反映了这个国家的科技水平。

本书的出版，旨在向读者介绍桥梁科学技术的进步历程以及中外优秀的桥梁建筑，尤其是展示新中国成立以来我国桥梁事业所取得的举世瞩目的成就，使读者了解广大桥梁工作者为国家富强和民族振兴所付出的努力和艰辛，感受到国家的繁荣富强。同时，希望青少年读者在阅读本书后，能够对桥梁科学产生兴趣，进而投身我国桥梁建设事业。

当翻阅本书时，读者不仅能了解文字所描述的桥梁科学的奥秘，还会感叹于许多精美的图片所展示的桥梁之美。在此，本社须对书中的图片来源进行以下说明：部分图片因多方面原因，未能联系到作者。请图片作者见到自己的作品被用于本书后与本社联系，我们将根据相关规定支付报酬，以表达尊重与感谢。

本书虽数易其稿，经过了作者的精心编写和编辑的认真审校，内容趋于完善，但仍可能存在不足之处。恳请广大读者批评指正，帮助我们改进工作。

华中科技大学出版社

2020 年 12 月